中华先锋人物
故事汇

红旗渠建设者

比石头还硬的人们

HONGQIQU JIANSHEZHE
BI SHITOU HAI YING DE RENMEN

解旭华 著

党建读物出版社　接力出版社

感谢中共林州市委组织部、红旗渠研究者李俊生对本书编写的大力支持

图书在版编目（CIP）数据

红旗渠建设者：比石头还硬的人们／解旭华著.—南宁：接力出版社；北京：党建读物出版社，2024.4
（中华人物故事汇. 中华先锋人物故事汇）
ISBN 978-7-5448-8441-9

Ⅰ.①红… Ⅱ.①解… Ⅲ.①传记小说-中国-当代 Ⅳ.①I247.5

中国国家版本馆CIP数据核字(2023)第255081号

红旗渠建设者——比石头还硬的人们
解旭华　著

责任编辑：朱晓颖　刘海湘
文字编辑：王雅梦
责任校对：杨　艳　杨少坤
装帧设计：严　冬　　美术编辑：高春雷
出版发行：党建读物出版社　接力出版社
地　　址：北京市西城区西长安街80号东楼（邮编：100815）
　　　　　广西南宁市园湖南路9号（邮编：530022）
网　　址：http://www.djcb71.com　　http://www.jielibj.com
电　　话：010-65547970/7621
经　　销：新华书店
印　　刷：北京科信印刷有限公司
2024年4月第1版　　2024年4月第1次印刷
787毫米×1092毫米　32开本　　5印张　　72千字
印数：00 001—10 000册　　定价：25.00元

版权所有　侵权必究

质量服务承诺：如发现缺页、错页、倒装等印装质量问题，可直接联系本社调换。
服务电话：010-65545440

目 录

写给小读者的话 …………… 1

一家三代与一条渠 …………… 1

刻在石碑上的灾难 …………… 13

林县的历史，修渠的历史 …… 19

向着希望的方向进发 ………… 27

一个大胆的想法 ……………… 33

太行山上来了千军万马 ……… 41

问题来了 ……………………… 49

拦下漳河水 …………………… 55

平凡造就的英雄 ……………… 65

平凡的魔法——自力更生 · · · · · · 109

通水了，终于通水了 · · · · · · · · · · 117

十大工程背后的艰苦创业 · · · · · · 123

第六十二碗面 · · · · · · · · · · · · · · 131

渠水长长流，精神永流传 · · · · · · 141

写给小读者的话

亲爱的小读者们,在河南省林州市有一条红旗渠,从它开始动工,到现在已经过去六十多年了,大概发生在你们爷爷奶奶小的时候。这么久远的故事为什么还要讲给你们听呢?

二〇二三年的夏天,为了创作这本书,我专程前往红旗渠,踏上了红旗渠最艰险的一段——鸻鹉崖,亲眼看到碧绿的渠水绕着直上直下的红色悬崖缓缓流过。那一刻,只有"震撼"二字而不需要其他理由——我要把红旗渠的故事讲给你们听。

红旗渠的建造是中国的奇迹。

林州市从前叫林县。这里旱灾频发,一旦大旱来临,土地干裂,井水枯竭,庄稼颗粒无收。干旱不仅使林县人民贫穷落后，连活下去都成了问题。一九六〇年，在县委书记杨贵的带领下，林县人民决定劈开太行山，把山西的漳河①水引到林县，向千年来被旱灾扼住咽喉的命运宣战。这个决定的提出，是一件意义重大的事。

当时，我们的国家还非常困难，林县的财政储备金和储备粮食都有限，水利专业的技术人员也相当匮乏，可是林县人还是选择了"宁可苦干，不愿苦熬"的道路。在那样艰难的岁月里，没有吊车、铲车和卡车，也没有发达的科学技术，一个小小的林县，十多万农民用双脚走上太行山，靠着自己的一双手、一把锤、一把钎，花了近十年时间，生生在太行山坚硬的悬崖峭壁上"抠"出一条绵延一千五百多公里的红旗渠。

嗖——嗖——除险队长任羊成腰上系着大绳，从悬崖上一跃而下，在山崖间荡来荡去，以惊心动

---

① 漳河：红旗渠引水源为浊漳河，当地习惯称漳河。——本书脚注若无特别说明，均为编者注

魄的排险，保民工修渠平安。

轰——轰——神炮手常根虎练就了出神入化的放炮本领，在太行山的悬崖峭壁上炸出一条条修渠路。

还有红旗渠的主要设计者之一吴祖太、舍己救人的李改云、农民水利"土专家"路银……为了修渠，引水到家乡，这些技术员、农民等平凡的人都是英雄。

工程浩大的红旗渠不仅是县委领导、英雄楷模创造的，更是一位位普通的修渠民工用双手奋斗出来的。送菜的农民、忙碌的医生、勤劳的铁匠和石匠、做饭的炊事员……每个人都在自己的岗位上为修渠倾注着全部的力量。

红旗渠不仅仅是一条引水渠，在艰难修渠的过程中，更是形成了一种"自力更生、艰苦创业、团结协作、无私奉献"的红旗渠精神，这种精神是我们应该传承下去的。

红旗渠通水的那一刻，有的人看到了，有的人却永远也看不到了。在红旗渠纪念馆里有一面墙，上面记录着八十一位为修渠献出宝贵生命的修渠人的名字，他们应该被永远铭记。

中国这条了不起的红旗渠，是在一个看似不可能的时间、不可能的地方修建成的不可思议的工程！它的故事应该被一代又一代人永远铭记。

一家三代与一条渠

出事的那天晚上,十一岁的张买江翻来覆去地睡不着。院子里的鸡咕咕地叫着,叫得他心里慌慌的。

爹在红旗渠工地上干活儿,为了修渠,吃住都在工地上,娘一个人带着几个孩子艰难度日。

"娘,娘。"小买江喊,"是不是有人来偷咱家的鸡了?"

娘迷迷糊糊地说:"咱从来没惹过谁,又没刻薄过谁,咱这么穷,怎么会有人来偷咱家的鸡?"

天还没亮,一阵脚步声从外面的街上清清楚楚地钻进小买江的耳朵。只有脚步声,没有人说话。接着,屋外一声紧着一声喊起来:"买江娘,买江娘，出事了！"小买江一骨碌从床上爬起来，跑到院子里，打开自家的篱笆门。

张家小小的院子里一下子拥进了十几个人，来的人是张买江的舅舅和村里大队的几个干部。这些干部平时都没日没夜地奋战在红旗渠上，今天怎么会来？想到这里，买江娘心里产生一种不祥的预感。

"买江他爹怎么了？"她劈头就问。

人们沉默着，有的人低着头，有的人背过脸去，还有的人压抑不住地哽咽起来。

"到底出啥事了？快说呀！"买江娘急了。

一个大队干部说："快把孩子们都带上，跟我们走。"

干部们分成两拨，一拨领着懵懵懂懂的三个孩子走在前面，另一拨陪着买江娘走在后面。远远地，干部们一直在跟买江娘说着什么，话声一路未停。

出了村子，越走周围越荒凉，小买江认得这里，这里不是村外的坟地吗？爷爷的坟就在这里。他正纳闷，前面又出现了一小群人。天还没亮透，但是张买江一眼就看到众人身边有一个深深的大坑，一口棺材停在旁边。

张买江的脑袋嗡了一下，难道……是爹死了？

看到他们三兄弟，有个人叹了口气，说："他家来人了，下葬吧。"

众人七手八脚地将棺材放进坑里。张买江和弟弟们一齐放声大哭起来，他们被这惊天的霹雳吓呆了，除了哭，什么都不知道了。

一锹接一锹的土落在棺盖上，一会儿就落了厚厚一层。

买江娘赶上来，跌跌撞撞地扑向坟坑，发出歇斯底里的哭声："人都走了，为啥不叫我看他最后一眼……"

买江舅舅流着泪拉住买江娘，几个干部一边流泪一边劝道："人死不能复生，土都埋这么厚了，别看了，埋吧，埋吧……"

从那天起，张买江永远地失去了父亲。

张买江哪里知道，红旗渠的修建如此艰险。在悬崖峭壁上开辟一条渠，这是亘古未有之事。人们稍有不慎，落下悬崖，就得粉身碎骨，躲不开落石，就会血肉模糊。为了不刺激牺牲英雄的家人，大队干部往往会快速安排安葬事宜。

父亲没了，排行老大的张买江就得扛起家里的大梁。他才十一岁，每天必须要做的事就是去几公里以外的村子里挑水。稚嫩的肩膀挑两个空水桶还算勉勉强强，但是挑满满两桶水就吃力了。走几步，歇一歇，不知道歇多少回才能把水挑到家。后来，几公里以外的村子里也没水了，只能去更远的地方挑水。更远的地方离家十几公里路，娘心疼儿子，就自己去挑水。寒冬腊月，天寒地冻，买江娘站在湖边的硬冰上弯腰打水，一不小心滑进了湖里，差点搭上性命。

大队干部们知道了这件事，就派人轮流给张家挑水，不让他们孤儿寡母再担风险。

一九六一年的早春，正是买江父亲离家去修红旗渠一周年的日子。买江娘把张买江叫到跟前，郑重地说："买江，你的名字是你爹起的。咱们林县自古缺水，啥也没有水金贵。买江买江，江是啥？江就是水啊，取不尽、用不完的水啊。要是有了钱，啥都不买，只买江就中。不缺水的地方，哪知道咱们缺水地方的苦和难啊！孩子，你爹为了把水引到咱们这儿来，命都没了。你已经十二岁了，你爹没了，你得顶上，替你爹上渠，这渠得继续修，才能把水引回家。"

买江娘一边掉着眼泪，一边跟张买江讲起他爹的事情。

张买江的父亲名叫张运仁，在村里很有威信。村里干点什么对村民有益的事，张运仁总是二话不说，第一个支持。听说要修红旗渠，张运仁第一批报名参加红旗渠的建设。

张运仁很能干，各种活儿都干得十分出色。

修建红旗渠时，常常要用炸药炸开山石。有一天傍晚，到了收工的时候，疲惫的民工们三三两两走在山路上。这时，细心的张运仁忽然嗅到了一丝危险的气息。他在心里默数着刚才点炮的数量，不好！还有一个炮没有响！他连忙跑到山路上，一边跑一边喊："还有炮没响，危险，赶紧躲避！躲避！"民工们赶紧就地躲避。光顾着别人的安全，张运仁自己却来不及躲避。随着一声惊天动地的爆炸声，一大块飞石落下，击中了张运仁，他当场牺牲。

听完娘的话,张买江理解了母亲。娘不是心狠,是对水太有感情了,太想早一天把红旗渠修成,太想早一天把水引进村子了。张买江自己何尝不这样想?本来家门口有一个池塘,可是多少年来一直旱着。要是池塘有水,爹还会死吗?要是池塘有水,娘还会跑那么远的路去挑水差点淹死吗?让自己的孩子去修渠,是娘能想到的为引水出一份力的唯一办法呀!

"我要去修红旗渠!"张买江说。

娘儿俩找到大队干部,却吃了个闭门羹。"不中,他才十二岁,还是个娃娃哩,上渠,甭想!"张买江的父亲为修渠牺牲了,干部们都不忍心再让张家人上渠。可是,拗不过这对心意已决的母子,最终,十二岁的张买江背起行李,踏上了修渠的路。张买江走的那天,他身后传来母亲的叮嘱:"买江,不把水带回来,你就甭回家!"

就这样,红旗渠修了十年,张买江在渠上干了九年。

刚上工地时,谁都没看上这个瘦弱的娃娃。管分配活儿的人不舍得分给他重活儿，就让他往炉匠铺送送东西。这种活儿不太累，就是每天来回跑个腿。张买江不服气，别看他年纪小，志向却不小，他来工地上就是想干大事，要为引水回村出更多的力！

可是张买江毕竟年纪小，抬石头，他抬不动；打钎呢，他抡不动锤；扶钎呢，他扶不稳，于是只能去捻钻①。铁匠师傅捻好了钻，要放到冷水里等它慢慢冷却。可是张买江心急，不等钻完全冷却，就拿了出来。结果，他捻过的钻，石匠一用就断。

第二天，有人抱怨："买江，钻断了，你看看。"

经常听到有人抱怨："买江，你捻的钻又断了，没法用。"

今天你骂，明天他骂，张买江天天挨骂。

张买江心里想：谁愿意天天挨骂呀？看来这活儿不适合我，还是点炮这个活儿适合我。炮一点，我就跑，我跑得快，肯定没人骂我。

张买江人小却机灵得很，他知道，在红旗渠工

---

① 捻钻：民工钻石头时，钻头很快就磨损了，需要重新锻打，称之为捻钻。——作者注

地上干活儿，不分男女老幼，只要活儿干得好就会受人尊敬，他不想老挨骂，也想要做出点样子来。他跑去找老炮手，软磨硬泡，要学点炮炸石头的本事。老炮手一听，头摇得像个拨浪鼓："你爹就是叫炮崩的石头砸死的，不能叫你再干这种事。"可是倔强的张买江哪肯罢休，每天一有空就黏着老炮手，像一个跟屁虫、小尾巴。老炮手不理他，倒也不赶走他。张买江处处留心，看老炮手怎么点炮，点完炮怎么跑到安全的地方。

那时候，生活困难，人人都吃不饱。每次张买江去看老炮手点炮，总要把自己仅有的一点儿干粮掰下一块来，塞给老炮手吃。他想：我对你好，你早晚得答应让我跟你一起点炮。老炮手当然不要，但是张买江一次次送，老炮手见他心诚，就不再板着脸拒绝了。

有一次，张买江说："我学会了，您叫我试一试，看我行不行。要是不行，我就死了这条心，再也不来烦您了。"老炮手被说动了，他让张买江一试，居然做得有模有样。这是张买江多日用心观察、刻苦学习的结果啊。

老炮手终于把他带到领导跟前,说:"我发现一个喜欢点炮的人。"

现在工地上正缺点炮的人,领导一听,眼前一亮,问:"哪个?"

"我。"张买江挺了挺胸。

一看是他,领导泄了气:"他不行。"

"他能点。"老炮手说。

"我能点。"张买江说。

"能点也不行。"

"怎么不行?我爹死了,难道我就一定会栽到炮眼上?"

领导瞪了老炮手一眼:"这个小孩怎么这么犟?不行不行,你可看好他,不能再出事了!"

张买江又天天缠着领导念叨:"我要当炮手,我已经学会了,连老炮手都同意了。现在工地上不是缺炮手吗?不信您问老炮手,我真的学会了……"张买江想要干的事就一定要干成,领导也拗不过他。

张买江开始在工地上点炮,点完炮,他一跑,安全帽就在脑袋上晃来晃去。后来,编安全帽的师傅专门给他编了个小一点儿的帽子，这就安全多了。

后来，张买江从工地上的小打杂，一跃成为一天能点七十二眼炮的神炮手。

除了点炮，一有空闲，张买江就帮别人抡锤、打石头、运石料，一刻不停。他跟大人们一起去背水，背回来的水一称，居然重达一百二十多斤。这一幕被时任新华社记者穆青看到，他惊讶地说："你可真是个小老虎！"从此，"小老虎"的绰号就在工地上传开了。凭借修渠，这个了不起的小老虎十七岁就当上了红旗渠建设特等模范。

当红旗渠终于修成，水通到了张买江的村子时，渠边人山人海，但是大家都没动，都在静静地等着张买江。村民们都知道张家人对红旗渠的贡献，这第一桶水，他们要等着张买江来打。看到张买江挑着水回来，买江娘嘴里嘟囔着："他爹呀，不要再惦记了，大儿子把水带回来了！你再也不用惦记咱这儿缺水了。"

半个多世纪过去了，红旗渠水依然绕着太行山汩汩流动着。红旗渠的守渠人日日夜夜、风雨无阻地守护着，哪里堵了，他们就去疏通；哪里坏了，他们就去维修。其中有一位守渠人，他叫张守义，是张买江的儿子。

渠水源源不断地流淌着，原来的林县变成了现在的林州，缺水的苦难记忆已经变成了历史。沿着这长长的红旗渠一路走着，张守义会想起为了修渠而牺牲的爷爷、为了修渠而奋斗的父亲。现在换成他，他会一直守护着红旗渠。

张家三代人与红旗渠浓厚的情感，就像这渠水一样，缠缠绕绕，一直一直地流下去。

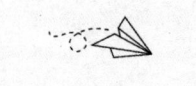

刻在石碑上的灾难

宽阔平整的马路，整齐漂亮的楼房，绿树成荫，到处鸟语花香，人们的脸上洋溢着快乐和满足。现在的林州和全国其他富足的小城市一样，俨然是一个平静美丽的幸福之地。

如果乘着时光机穿越几百年的时光回到过去，会是怎样一番情景？

不出意外，你会穿过干裂得如同龟背一样的土地，来到一户住着简陋石板房的人家，那里面黄肌瘦的主人可能不会给你倒上一杯水，更不会给你一些干净的水让你洗掉一身风尘。在这里，哪怕洗把脸都是奢望。因为，水简直比金子都贵。

这家的水井是方形的，那家的水井是三角形

的，水井不都是圆形的吗？怎么有这么多稀奇古怪的形状？原来，每家都把自己家的水井砌成独特的形状，用自家特制的水桶才能放进井里打水。外人的水桶根本就放不进去，无法偷偷来打水。

有水井的地方是幸运的，可林县的很多村庄，连一口水井都没有。少有的几口水井也是井深水浅，取水非常困难。井非常深，甚至要打到二百多米才能见到一点儿水。在极深的井里打水需要很多人一起劳作，人们用绳索吊着水桶放入深深的井里，七八个成年人排成一排，一起用肩扛起百米长的井绳，脊背深深地弯下去，一起奋力往前拉，才能打起一桶水。砌水井台的大青石又厚又重，坚硬无比，但是天长地久，愣是被绳索勒出一条条深深的沟。若是村里的水井也干了，就要翻山越岭去其他地方取水，往往翻越几千米高的山，才能找到一点儿水。有人算了一笔账，一年十二个月，林县人每年要花四个多月奔波在漫长的取水道路上。

就这样千辛万苦担回来的小小一桶水，往往是一家八口人一天的用水量。传说林县人一生只洗三次脸：出生、嫁娶和死亡。在这样的地方，还能有

刻在石碑上的灾难

什么比水更金贵的东西呢？

并不是林县人小气。太行山脚下的林县，看起来是个盆地，似乎应该是个鱼米之乡。可是上千米高的太行山就是一道绝壁，直上直下地立在林县前，毫无坡度可言，就像一把巨斧生生劈出来了一道石墙挡在那里，红色的崖壁绵延几公里甚至几十公里。林县的地质很特别，这里广泛分布着石灰岩，地面到处是裂隙，溶洞也有很多，就算下一场雨，水也都漏掉了，根本存不住。打个比方，这种情况就像是往松散的砂石上倒水，水立马就会渗下去，流走了。林县的土地就像这些砂石，即便雨水来了，也存不住。

这里也不是一直没有水，也有几条河流经林县，但多数时候河床是干涸的。人们盼着下雨，可是到了七八月份，雨来了，又下得很集中，河水泛滥，冲走人畜，淹没村庄，造成另一场灾难。地上的河水指望不上，地下又存不住水，难怪林县有民谣：天旱把雨盼，雨大冲一片，卷走黄沙土，留下石头蛋。

林县就一直这么旱着。

林县的山又多又高，到处是石头，星星点点的耕地只能散布在悬崖峭壁边。

林县曾流传着一个笑话：有个农民一大早扛着锄头去开荒，一天下来，开垦了八块地。人人夸他身强力壮，干劲儿大。太阳下山了，该回家了，农民心满意足地数着自己的八块地，一、二、三、四、五、六、七……咦？奇怪了，数来数去都只有七块地。农民沮丧极了，怏怏不乐地拿起地上的草帽准备回家。刚一拿起草帽，他就乐坏了——这不就是第八块地吗？原来被压在草帽底下了。

这个笑话有没有把你逗笑？这块地可够"大"吧？但林县人每每听到这个笑话，自嘲之余，都不禁涌起一股心酸。

穷山恶水，大概就是从前林县最真实的写照。

有人统计过，从明初到新中国成立的五百多年里，林县发生自然灾害一百多次，大旱绝收三十多次，而小一点儿的旱灾更是年年不断。旱灾像一头凶猛的怪兽，吞噬着林县的大地和人们的生命。翻开林县那本发黄的老县志，映入眼帘的是"旱""大旱""凶旱""连年干旱""颗粒无收""十室九空"这些可怕的字眼,让人不寒而栗。人们把大旱绝收带来的灾难一笔一笔刻在石碑上,石碑默默地立在那里,透着无尽的悲伤。

怨天尤人,不如依靠自己。对付干旱,还有一种办法:挖土修渠,把河水、泉水引过来,让源源不断的水从土地和村庄经过。

林县的历史，修渠的历史

林县人自古就开始修建水利工程，可以说，林县的历史就是一部修渠的历史。在《林县志》上，记载着爱国渠、黄华渠、谢公渠、永惠渠等多个渠的名字。

在林县修渠，解决百姓的吃水问题，官员和百姓的意见是非常统一的。谁为百姓修渠，给百姓带来活命的水，给干旱的大地带来生机和希望，林县的历史就会牢牢记住他。

有人说，天平渠是林县历史上第一个有影响力的引水工程。这里汩汩的渠水诉说着的，是元代李汉卿修建天平渠的故事。

元代的时候，李汉卿被任命到林县做官，那时候林县叫林州。走马上任时，李汉卿琢磨着：林州，林州，绿林之州，想来该是山林遍布、绿树成荫的葱郁之地。他好奇地挑开轿帘，举目眺望。这一看，让他大吃一惊。他揉揉眼睛，再次定睛观察，眼前的一切让他大失所望。此时轿子正行进在一条灰扑扑的道路上，沿路到处是龟裂的土地，灰蒙蒙的天，灰蒙蒙的地，光秃秃的山石一片连着一片。偶尔看到一点儿田地，地里稀稀拉拉的庄稼已经枯萎。正值夏日，周围却是昏黄的，一片死寂，连一声蝉鸣都听不到，走了很久都见不到一个人。

李汉卿把轿帘放下，心里十分惊愕，林州啊林州，没想到如此干旱贫瘠。到了傍晚，李汉卿到达衙门，觉得浑身疲惫，口干舌燥。如果这时候能痛痛快快地洗个澡，洗去一身黏糊糊的臭汗，该多么舒服。但想到沿途所见的干旱情形，李汉卿忍住了这个想法。他打发劳顿一天的随从们早些歇息，然后叫来一个当地的衙役，喊他端盆水来让自己洗把脸。衙役应声而去，可李汉卿左等不来、右等不来。过了好半天，衙役才小心翼翼地端着水盆走进来。李汉卿压了压火气，往水盆里一看，水盆里只有浅浅一层浑浊的水。李汉卿大怒:"偌大一个林州,难道没有一盆洗脸的清水?!"衙役吓得跪在地上,壮着胆子战战兢兢地说:"回大人的话,真的没有,我们林州历来缺水,今年又是大旱。老百姓平日里都不舍得用水洗脸,只在逢年过节才会洗把脸……"

缺水到如此程度,李汉卿确实始料未及。他皱着眉头"哦"了一声,就打发衙役下去了。

这一夜,李汉卿辗转反侧,难以入眠。林州的苦境深深震撼了他。天一亮,李汉卿就出了衙门,这一次他没有坐轿,也没有鸣锣开道,只差人请了几位当地人,悄悄向太行山深处探行。

一路走,一路看,昨晚衙役所言果然不假。沿途的村庄无不笼罩在干旱的阴霾下,老百姓的一碗水,洗了这个洗那个,用到浑浊不堪也不舍得倒掉,还要拿去喂牲口。人们没有水去梳洗,去讲究,个个衣衫褴褛、面色枯黄、污垢满身。有一群男女老幼背着破旧的行李,互相搀扶着向外走去。李汉卿惊讶地问随行的人:"他们要去哪里?"随行的人回答:"干旱导致庄稼颗粒无收,他们是出去逃荒的。"

李汉卿扪心自问：李汉卿啊李汉卿，你身为地方父母官，要如何救百姓于水火之中？他暗暗发誓，一定要做些什么，想办法给老百姓把水找来。

为了找水，李汉卿爬了一座又一座山。有一天，他来到天平山，忽然听到潺潺水声，循声找去，果然见到了一道流淌着的清水。"太好了！"李汉卿拊掌大笑，"有了这水，便可开渠引水！"

李汉卿举全县的财力、物力，带领百姓修渠，花了整整三年时间，修建了一条天平渠，使得泉水从太行山深处出发，沿着一米宽的渠道一路向东流了十多公里，到达林州，让沿途十几个村庄的百姓都用上了水。

过了几年，李汉卿任期已满，要离开林州，百姓听说了这件事，纷纷赶来给他送行。沿途的道路上，跪倒了一大片百姓，大家都挥泪挽留他，感恩他修了这条救命的天平渠。

在林县还有一道古渠，绕绕弯弯从太行山山腰一直流到山脚，把清澈的水送到村庄、田地和果园。这条渠叫"谢公渠",是明代的谢思聪带领百姓修建的。

那时,在林县为官的谢思聪决心开渠引水,拯救民生。他多次带着当时的水利专家深入太行山麓,考察山谷泉水。

修渠的消息传出来,当地百姓喜笑颜开,纷纷奔走相告。一时间,人们有钱的出钱,有力的出力,无数百姓扛着锄头自发到山上帮助修渠。

有一天,谢思聪到山下考察修渠的筹资情况,随从报告说有位老人家逢人便打听知县大人在哪里。谢思聪急忙赶过去,看到一位老婆婆拄着拐杖,领着一个七八岁的小孙子,小孙子的头上还缠着白色的孝布。谢思聪以为这一老一小是来寻求帮助的,于是便和颜悦色地问:"老人家,您有什么难处?"没想到,老婆婆枯瘦的手哆嗦着,从怀里掏出一个小布包,一层一层打开,里面"躺"着一副银镯子。老婆婆把镯子塞到谢思聪手里,颤颤巍巍地说:"我的儿子儿媳都过世了,我人老了,不中用了,孙子还小,也干不动活儿。我家不能为修渠出力,实在惭愧,家里没别的值钱东西,这副银手镯,你们把它当了换钱,修渠用吧。"

在场的人无不感动。

回到县衙,谢思聪还是感慨不已,喊道:"来人啊!"

有个衙役应声而来,谢思聪从身后的柜子里取出自己珍藏多年的铜砚台交给他,吩咐道:"去把它当了吧,银钱充作修渠之资。"

"老爷,这可使不得,这是您的心爱之物啊……"

"去吧。"谢思聪挥挥手。

衙役只好拿着铜砚台去当铺。当铺老板拿过来一看,砚台的一角刻着"谢"字。老板心里掂量着,莫不是衙役偷偷拿了知县的东西来当?不过看这衙役的样子倒是大大方方的,毫不避人,便问他是怎么回事。衙役把憋了一肚子的话一股脑儿倒给了当铺老板。原来,为了修渠,谢思聪时常捐出自己的俸禄,这不,俸禄捐完了,连自己珍爱的铜砚台也拿出来当了。

当铺老板一听,大为感动,当场高价收了这块铜砚台。

一时间乡绅百姓也纷纷慷慨解囊,资助修渠。

谢思聪在林县当了四年官，也修了四年渠。渠通水的那天，百姓敲锣打鼓，齐来庆贺。当铺老板也来了，他把一块红布包着的方方正正的东西呈给谢思聪。谢思聪打开一看，呀！正是他当年当掉的那块铜砚台。

为了纪念谢思聪，人们把他带领大家修的渠称作"谢公渠"。这条结实的石渠长九公里，宽约半米，虽然轻浅，却引来泉水滋润了几十个村庄。在谢思聪修渠二百多年后的清代，林县百姓又自发建起一座谢公祠。到今天为止，四百多年过去了，谢公渠还有部分渠道通水。渠水流了四百多年，百姓们感恩了四百多年，淙淙的水声似乎仍在讲述着谢思聪修渠的故事。

放眼历史，林县历代干旱缺水，可谓十年九旱，有着数不清的心酸往事。恶劣的自然环境没有吓倒林县人，反而锤炼了他们倔强的性格，他们不断打旱井、挖旱池、修水渠，想尽一切办法收集天上的水，留住地上的水，节约手中的水，不屈不挠地寻找着生的希望。

新中国成立以前，林县的历代官员和百姓修过十多条引水渠,显现出林县人民不甘忍受大自然的摆布、与旱魔斗争的勇气。但是这些水渠只能解决一部分用水问题,林县干旱缺水的问题并没有得到根本的解决。

历史的车轮滚滚向前,来到了一九五四年。

向着希望的方向进发

一九五四年,有个叫杨贵的年轻人来到林县担任县委书记,那一年,他只有二十六岁。从此,他的一生与林县的"治水工程"紧紧联系起来,与"重新安排林县河山"紧紧联系起来。

杨贵一上任就马不停蹄地"跑"了起来,他跑遍了林县的每个角落:他熬夜翻阅着林县发黄的县志;他走到小寨村,眼含热泪地读着村边荒年碑的碑文;他心怀崇敬地拜访历朝历代修建的渠道;他走进老乡家,亲眼看到一家人只有一床被子,吃野菜、树叶的贫苦生活,也亲身体会到一碗水的珍贵……

这年从夏天开始,林县就没有下过一场像样的雨。原本人们都盼着七八月份会下一场透雨，但是老天偏偏不如人愿，连着两个月都是火辣辣的大晴天。若是风调雨顺的年景，每年秋天应该是太行山最美的季节，层林尽染，庄稼纷纷成熟，田里劳作的人们应是满脸丰收的喜悦。如今，人人脸上挂着愁容，秋粮眼看就要绝收，小麦又种不上……

杨贵带着林县县委成员班子做了充分的调查研究，仔仔细细思考了改变林县现状的种种措施。县委的成员大多是土生土长的林县人，他们祖祖辈辈受着干旱之苦，比谁都明白这片土地上的农民对水的期盼：盼望老天下及时雨，盼望地下有水源，盼望河有长流水，盼望山谷流清泉，盼望吃水不出村，盼望引水到田间。很快，县委达成共识：解决林县贫困落后问题的根本，就是解决水的问题。于是，林县县委带领人民修渠、修水库，解决缺水问题。

二十世纪五十年代的中国与封建王朝时的中国相比，已经发生了翻天覆地的变化。人民当家做主，大家不再是一家一户地劳动，而是把土地聚拢在一起，农具聚拢在一起，一起劳动，一起收获。

这样的集体主义劳作方式在日后红旗渠的修建中也发挥了巨大的作用，一只蚂蚁抬不动一片树叶，一群蚂蚁就可以抬着树叶一路向前了。

只要能引来水，不管多难，林县人民都愿意跟着县委干，人民被动员起来了！

几年时间内，南谷洞、要街、弓上三座中型水库建成，象石门、焦家屯等许多小型水库建成，还有英雄渠、淇南渠、淇北渠、天桥渠等引水渠道，再加上其他水利设施，整个林县建成了一个基本完善的水利灌溉体系，一下子就解决了上万群众的用水问题。杨贵和其他县委班子成员的心里踏实多了，有了这么多水库和水渠，整个林县浇地吃水的问题应该能得到解决，再乐观点想，林县似乎也能成为鱼米之乡了呢。

谁料一九五九年的一场大旱，又一次把林县人民逼到绝境。

这场大旱导致林县境内的几条河流再次断流，连一些长年出水的山泉也没水了，无水可引，修好的渠道全都干了，池塘、水库也通通见了底。人们打水井，地底下连丁点儿水都不出。这场大旱，一下子击碎了杨贵一干人的美梦,没有水源,再多的渠道、水库都成了摆设,林县还是一样要受老天爷摆布。干旱又一次扼住了林县人的咽喉。

前几年的努力似乎一下子全清零了,这一击彻底让林县县委清醒了:林县的缺水问题还是没有从根本上得到解决。

焦急的杨贵四处察看林县的旱情。

老百姓说:"咱打水井,地下没有水。挖旱池,打旱井,天上不下雨。修水渠,建水库,照样没水蓄。"

老百姓又说:"杨书记啊,老天靠不住啊,说不下雨就不下雨。人没水不能活,地没水不产粮食,县委再想想办法吧!"

水!水!水!可是,在林县,能找水源的地方都找了,根本不可能再找到可利用的水源。只局限在本县,林县的用水问题根本得不到解决。这时候,一个大胆的想法在杨贵的心里冒出来:找!出去找!到林县外面去找水!

出去找水的人分成三路:

第一路人马由县委书记杨贵带队,沿着漳河而上，去平顺县找水源；

第二路人马由县长李贵带队，沿着浙河，去壶关县找水源；

第三路人马由县委书记处书记李运保带队，沿着淇河，去陵川县找水源。

三路人马，在同一天，向着三个不同的方向出发，寻找希望。

当时正值六月，林县依然处在旱情中，没有降水，烈日炎炎，众人一路徒步前行。山路崎岖，山坳处、石缝里、悬崖上时不时有倔强的小草冒出来，太行山的红色岩壁上透出一小片一小片顽强的绿色。出去找水的三路人，走小道，攀悬崖，在陡峭、险峻的太行山中若隐若现。巍峨的太行山中，他们如此渺小，却犹如一小簇跳动的希望。

不久，去浙河和淇河的人大失所望地回来了。经过实地探访，这两条河流都是季节性河流，也就是不同季节流量变化特别明显的河流。河水夏秋多，冬季少，甚至断流。这样的河流水量不稳定，满足不了林县用水的需求。

希望就这么破灭了。

杨贵他们呢？杨贵他们还没回来，人们又重新燃起新的希望……所有的希望都押在了杨贵他们身上。

一个大胆的想法

　　杨贵一行人沿着山间的羊肠小道一路走,进入了山西省平顺县。

　　一开始,沿途的河道都是干涸的,慢慢地,他们见到水了。再后来,他们能听到远处有哗哗的流水声。水声就是希望,水声越大说明前方的水越多。杨贵他们鼓足了劲儿往前奔,来到了一处峡谷。峡谷中回荡着汹涌的浪涛声,奔腾的河水在山岩巨石的阻挡下,击起一阵阵雪白的巨浪。

　　从干旱的林县一路走来,看着这奔流不止的河水,杨贵他们仿佛到达了一个新世界。杨贵看花了双眼,内心也涌起巨浪般激荡的喜悦。这就是漳河,多么丰富的水源啊,太让人激动了!

沿着这条奔流的漳河水继续考察，杨贵他们每到一地就拜访当地的干部和老人，问的都是有关水的问题：这里什么时候雨量大？每个季节有多少水？干旱时河床有没有露出底来？当地的群众都说，就是在历史上最旱的时候，这河也从来没有断流过。

与杨贵同行的人激动地说："这河水流到咱们林县不就都变成粮食了吗？要能把这漳河水引到咱林县，老百姓可就喜气冲天了！"

杨贵他们把这个喜讯带回了林县。

回到林县的当晚，杨贵兴奋地打开地图，一边回想着考察过的地方，一边在地图上圈圈点点，再把圈过的地方一个一个地连起来，地图上出现了一条清晰的线。这条线的起点是漳河，终点是林县。杨贵仿佛看到波涛滚滚的漳河水沿着这条线流进了林县，干枯的土地得到滋润，耷拉在地上的枯黄庄稼渐渐直立了起来，一边节节拔高，一边绿了起来。

此时，一个大胆的想法从杨贵脑海中喷涌而

出：引漳入林，重新安排林县河山！

一九五九年十月的晚上，太行山的夜里气温很低，此时更是特别静，特别黑。在一片漆黑中，林县县委会议室里透出昏暗的灯光，彻夜未熄。一场关于引漳入林的激烈讨论正在进行着，引漳入林的大胆设想让所有人振奋不已。但是，这谈何容易？这个工程要把低处的漳河水引到高高的太行山上，引向林县。奔腾的河水怎会乖乖听话？要完成这个计划，必须劈开一千多个山头，填平数百条沟壑，钻透上百个山洞。

好家伙，这是前所未有之事啊！

此时的林县要钱没钱，要技术没技术，又逢大旱之年，群众连填饱肚子都很困难，这么大的工程还不能指望国家的支持，仅靠林县这么个小县简直是天方夜谭。

"引漳入林，势在必行。我们要苦干几年，在太行山上凿出一条天河，把漳河水引到林县来，彻底结束水贵如油的历史！"杨贵的话激荡在林县县委干部们的心中，越是艰难越向前，他们决定在绝境中突围。

老百姓会怎么想呢？杨贵让大家再做一番调查研究。林县的群众缺水、盼水，但引漳入林是一条艰苦卓绝的路，是要苦干谋幸福，还是继续苦熬下去？事情到底要怎么解决，这还得多听听群众的意见。

县委干部们把引漳入林、彻底解决林县缺水问题的想法带到了林县的田间地头、山野村落。群众都沸腾起来了。

"县委的想法，正是俺们的想法！"

"宁愿苦干，不愿苦熬！"

"宁愿和石头拼上几年，也不愿再受老天欺负了！"

"可是没钱怎么办呢？"

"国家没钱，俺们自己带干粮去修渠，不给国家添负担，这是祖祖辈辈的大事！"

"自力更生！村里有钱，俺们也有钱，这是千秋万代的大事，俺们花几个钱，受点苦也值得！"

"谁去修渠谁带吃的，带工具，不用国家花多少钱。"

"可是困难大着呢，咱到底有没有力量搞这么大个工程呢?"

"困难不小,但咱不能等,更不能靠,得硬着头皮干!"

"县委啥时候叫俺们去,俺们啥时候上山,俺就不信不能把漳河水引过来。县里几个水库,哪个不是俺们亲手干成的!"

"崩山劈石,架桥钻洞,这些石头活儿咱们林县人有的是办法!"

"不是这一代人吃苦,就是下一代人吃苦,只要能给子孙后代带来水,俺们什么苦都愿意吃!"

听到大家在说和水有关的事情,一位耳背眼花的老婆婆也踮着脚,凑到人群中,别人说一句,她就让人在她耳边大声复述一句。老婆婆也知道了引漳入林,知道了林县有困难,人们肯吃苦。她浑浊的眼睛亮了起来,缓缓地说道:"要喝这一口水,就要吃得下这份苦。"

这就是朴素的林县人,他们明白,这世界上没有不付出代价就能享福的事,要想摆脱上千年来肆虐在林县大地上的旱魔,总要有人付出代价。如果让他们这一代人苦干,就可以让子子孙孙不再苦熬,不再遭受祖祖辈辈经历过的干旱缺水的痛苦,他们一百个愿意。在林县人眼里,水是比金子都金贵的东西。为了引水,别说吃苦,命都可以不要。

林县人骨子里的这股倔强,这种与天地抗争的硬气、面对困难不低头的勇气,让人不得不佩服,更让人想起愚公移山的故事。

故事中的愚公已经年近九十,面对着大山居住。眼前的大山阻碍着道路,愚公很苦恼。

他决定要把这座大山挖平,让道路畅通无阻。于是他领着儿子、孙子日复一日挖山不止。

智叟嘲笑着阻止他,说:"你简直太愚蠢了!就凭你残余的岁月,力气小得连山上的一棵草都拔不动。"愚公说:"你真迂腐,即使我死了,还有我的儿子在呀。儿子又生孙子,孙子又生儿子,子子孙孙无穷无尽,可是山却不会增高加大,还怕挖不平吗?"

山神听说了这件事,怕他真的没完没了地挖下去,就报告了天帝。天帝被愚公的恒心感动,命令大力神夸娥氏的两个儿子背走了大山。

从此,愚公的门前再也没有高山阻隔了。

传说愚公的家乡在河南济源市，离林县不太远。作为愚公精神的传人，林县人面对困难不低头、不认命，他们也要打破大自然的禁锢，闯出一条生路。

太行山上来了千军万马

太行山纵跨北京、河北、山西和河南四地。巍巍太行，天下之脊，有"八百里太行"之称。传说盘古在这里开天辟地，女娲在这里炼石补天，王母在这里俯视人间……太行山与中华大地众所周知的神话传说有着千丝万缕的联系。甚至后羿在这里射日，神农在这里尝百草……历史的车轮不知在它身上留下多少印记。

太行山在河南境内的这段，峡谷幽深，到处都是断崖绝壁，是整个太行山脉最雄伟独特的一部分。林州正处在河南、山西、河北三省交界处，在太行山脚下。不妨让我们乘着想象的翅膀，去再寻那段不可思议的历史。

如果太行山是一位老山神,他应该在一九六〇年二月十日晚就听到了山下林县沸腾的声音。

林县引漳入林总指挥部正在召开全县广播大会,通过一个简易的话筒和有线广播,一个洪亮的声音穿透了太行山沉沉的暗夜,传向林县的每一个村庄:

引漳入林是彻底改变林县面貌的决战工程,这一工程建成将有二十到二十五个水的流量,像一条运河一样,滔滔地流入我县全境……到处要成为清水遍地流,渠道网山头,使千年万代的旱地变为水田,无数荒山秃岭变为美丽的果园,沟沟有鱼塘,山坡种稻田,一年可种两三季,农业产量翻上再加番……从此,龙王大权就掌握在人们的手里了。不仅用渠水浇地,还能用它发电……

这是一份"引漳入林动员令",也是一份《告林县人民书》。

呼——呼——太行山呼啸的山风像是老山神打的呼噜,它大概只能听懂"龙王"二字,老龙王要怎么样？要被夺了权吧！

那天晚上，整个林县都沸腾起来了！在县城的中心广场，在林县各个村庄的广场、大院，广播喇叭的声音所到之处都是灯火，到处都会集着人群。人们侧耳倾听着广播大会的内容，脸上洋溢着兴奋、激动的表情。听着广播里激情澎湃的描绘，在干旱中苦熬的林县人仿佛看到了遍地流淌的清水、硕果累累的果园、丰收的麦田、起伏的稻浪、鱼群跳跃而出的池塘……向命运宣战，林县人终于等到了这一天！

"引漳入林动员令"里还说了：

全部民工共计十万人，第一批两万人，一律于明日（十一号）一早动身……要把这十万大军组织得威风凛凛……

威风凛凛的大军在动员令发出的那一刻就迅速组织起来了。

准备工具的人、打点行装的人、辞别亲友的人、约伴同行的人……那一夜的林县，无人能眠。

有位老铁匠一听要劈山引水，马上回家整理行李，他对八十岁的母亲说："娘啊，过去咱喝碗水，比喝一碗人参汤都难。如今咱县委决定要劈山引水，把漳河水引过来，彻底改变咱们穷山沟的面貌，我得到工地上去大干一番，让您老人家站在家门口，亲眼看到干旱的山坡变水田。"

八十岁的母亲热泪盈眶："咦！那可好了！可你也是一把岁数的人了，上山修渠还中不中哩？"

老铁匠兴奋地说："中！只要是为了修渠引水，干个三年五年俺也中！"

有个村的小伙子们组成了青年突击队，怎么也按捺不住兴奋的心情，三个一群五个一伙地热烈讨论着，似乎马上就要奔向太行山，大展宏图。他们老早就会聚到动员会现场，打算天一亮就奔赴工地。

动员会的现场彻夜人头攒动，在寂静的夜色中搅起一股股热浪。

凌晨两点，又有村民陆陆续续结伴来了。

凌晨四点，井湾村的李改云带着二百多人也来了。

县委的领导劝大家先回去，但是没有人动。大家都说，修渠就是准备去受罪的，他们要在这儿等着，要打响全县修渠第一炮！

一九六〇年二月十一日，天刚蒙蒙亮，各个村庄的小路和大道上全是人流，修渠大军向着巍峨的太行山进发了！

原打算第一批集结两万两千人上渠，结果一下子来了三万七千人。人人自带干粮、工具，扛着红旗，冒着太行山料峭的春寒，雄赳赳、气昂昂地踏上还冻得硬邦邦的山路。"愚公移山，改造中国""重新安排林县河山"等字样被大大地写在沿途的石壁上、悬崖上。山路两旁设有茶水站、宣传站，为人提供补给。在匆匆疾行的上山队伍旁边，县剧团的演员们热情地打着快板。到处贴满标语，到处热气腾腾。

而迈着矫健的步伐，跟大家一样扛着工具，走在队伍最前头的就是林县县委书记杨贵、县长李贵。

千军万马上太行之前，杨贵曾经召集大家开会，请大家算算引漳入林多久能干成，大家讨论

中华先锋人物故事汇　红旗渠建设者

得热火朝天。杨贵出了个题目:"按咱们初步测算,最近的引水点平顺县侯壁断到林县坟头岭,全长七万多米,上七万人,每人承包一米,多久能建成?"

有人哈哈一乐,说:"咱老百姓盖五间房子,也不过几个月时间,这渠一人挖一米,两个月怎么也能修完了。"

有人老成持重,琢磨了一会儿,说:"山路不比平地,也许比盖房子难些,但是一百天应该能完成。"

还有更保守一点儿的人说:"几万人呢,就算三个月修不完,五个月肯定没问题。"

然而,所有人都没想到,从平顺县侯壁断到林县坟头岭这段渠,也就是现在的总干渠,修完用时不是三个月,也不是五个月。实际上,总干渠苦苦修了五年零两个月才完成,而整个红旗渠工程全部修完则花了将近十年!

问题来了

这是一个艰巨的工程。引漳入林工程的总干渠从山西省平顺县侯壁断下起,经过各个村庄,到河南林县的坟头岭,全长七万零六百米。总干渠绝大部分设计在太行山的悬崖绝壁上。几万林县人一下子就拥到了太行山上,分散在这七万多米的工程上。

多少年来,世世代代受干旱欺负的林县人,似乎窝了一肚子火,人们抱着"带水回家"的坚定决心,带着"重新安排林县河山"的慷慨勇气,一把力气全用在手里的锤子、铁锹上。叮叮当当凿石头的声音,轰轰隆隆炸山的声音,嗨哟嗨哟喊号子的声音……日日在太行山中激荡。

令人没想到的是，开工没多久，意想不到的困难接踵而至。

县委书记杨贵带着修渠的总指挥和技术员，沿着渠线从坟头岭出发，整整走了三天，才到渠首——侯壁断下。他们一边走一边察看每一处工地，一边走一边了解施工和生活上的各种问题。遇到民工吃饭，他们就跟民工一起吃饭，看看他们的伙食怎样。这一路走来，他们大吃一惊，暴露出来的问题还真是不少啊！

这天下午，杨贵一行人来到一个山头，看到民工们正热火朝天地干着，不禁被这份热情鼓舞着，心里热乎乎的。突然，不知为什么，前面的渠线上传来一阵争吵声。这不和谐的声音，让人们纷纷停下手中的活儿，疑惑地看过去。

杨贵他们赶过去一看，只见一位民工瞪着两只大眼睛，把手里的工具往地上一扔，蒲扇般的大手叉着腰，扯着嗓门儿嚷嚷起来："什么？我们费了九牛二虎之力才挖到这里，你说挖错了，这不是渠线？你早干啥去了？"

其他民工也愤愤不平，纷纷嚷嚷："咋不

早说？"

工程技术人员气喘吁吁地说："渠线太长了，我这都来回跑了好几趟了。行，今天浪费大家的劳力、物资都算在我头上。"他又委屈地小声嘟囔着，"民工兄弟看不懂图纸，就不要乱挖嘛，等我上来再说嘛，这倒好，白费功夫。"

有人听到他的嘟囔又着急地喊起来："等？等到什么时候？俺们巴不得今天就能把渠道修好，把水引来！"

这边杨贵他们刚刚安抚好大家的情绪，那边又来了几位山西平顺县的乡亲，他们拉着杨贵，眼泪汪汪的，欲言又止。

"老乡，有什么话，直说无妨。"杨贵看出了老乡们的为难。

"书记啊，林县修渠俺们支持，修渠是好事。但是俺们家的羊跑了呀！"

杨贵奇怪："羊跑了，跟修渠有啥关系？"

"轰隆轰隆满山放炮，羊全吓跑了。还有这屋顶，被炮震得扑啦啦地掉土，这会不会把房子震塌啊？太吓人了。"

"杨书记，不行呀，这白天黑夜地放炮，碎石子儿满天飞，沿渠的树都毁了。"

"俺家房子的墙壁都震裂了，再这样下去，俺们就没法过日子了。"

杨贵这下明白了，满山打眼放炮，炸的到处都是"鸡窝坑"，也影响到了当地老百姓的正常生活。河南林县修渠，引的是山西平顺县的漳河水，杨贵面对憨厚朴实、无私支援林县引漳入林工程的平顺县沿渠群众，内心既感激，又愧疚。他一边向群众道歉，一边深情地说："感谢平顺县群众对我们林县的支持，这些问题都怨我们县委。我是主要负责人，这么大的工程，没有经验，考虑不周全，让大家受委屈了。请大家放心，我们一定尽快想出办法，好好解决这些问题！"

一波未平一波又起，更多的问题暴露出来：

在长达七万多米的渠道上，三万多人同时开工，工程量虽变小了，但战线拉得太长，力量也很分散。通往工地的道路往往都是悬崖峭壁，人一多，不仅拥挤不堪，还十分危险。领导和技术力量不足，顾此失彼，前方呼喊人手不够，工具不够，后方干着急送不过来。施工协调不力导致交通常常受阻，粮食、煤炭等物资经常供应不足……

成堆的问题，像是给干劲儿十足的人们泼上了一盆冷水，着实令人沮丧。但这并没有动摇杨贵和其他县委领导引漳入林的决心，反而激发了他们面对问题、解决问题的勇气。

这时，杨贵也真切地感觉到，当初的计划不符合实际，再这样干下去，不仅工程质量得不到保证，通水更是遥遥无期。

一九六〇年三月六日至七日，林县县委在盘阳村召开了具有历史意义的盘阳会议。县委总结，出现问题主要是因为"四个跟不上"：领导指挥跟不上，技术指导跟不上，物资供应跟不上，后方支援跟不上。大家从成堆的问题中，抓住主要矛盾，找出了解决问题的根本办法——实行领导、劳力、物资、技术四集中制度。会议及时调整了整体工程的战略布局，调整了总干渠全线开工的施工方案，大家不再整段同时开工，而是把总干渠分为四期，集中力量打歼灭战。干一段，成一段，通水一段，让群众早日看到水流进来，看到希望，增强胜利的信心，让大家干劲儿更足。山西省境内这二十公里长的渠段修建难度很大，同时，为了最大限度降低对当地老百姓生活的影响，山西这一段必须短时间内拿下，县委决定集中优势兵力，打一场攻坚战！

也就是在这次会议上，引漳入林工程有了一个更有象征意义的名字——红旗渠。

为什么叫红旗渠？杨贵他们觉得：共产党人曾高举红旗，战胜了帝国主义、封建主义和官僚资本主义，推翻了压在中国人民头上的三座大山。红旗象征着革命，象征着胜利，把引漳入林工程命名为"红旗渠"，就是要在人们心中树起一面旗帜，让人们义无反顾地朝着红旗所指的方向奋勇前进！

做事情总是难免遇到挫折，大到国家建设，小到我们遇到的每一次测验、考试。有智慧、有勇气的人从来不怕苦难，也不怕挫折。唉声叹气，自怨自艾是一种选择；知难而上，冷静分析，解决问题是另外一种选择。同样都是选择，结果却有天壤之别。

拦下漳河水

　　两千多年前的战国，距离林县不远的邺县发生过一个著名的事件——西门豹治邺。据说战国时，漳河经常东冲西决，泛滥成灾。当地有些官绅勾结巫婆，借着"为河伯娶妻"，以祈求河神保佑邺县风调雨顺的名头，搜刮百姓钱财。这些官绅和巫婆还四处散播迷信谣言："如果不给河伯娶媳妇，漳河就会泛滥，把田地全淹了。"西门豹被派去管理邺县时听说了这件事，就说："到了河伯娶妻那天，一定要告诉我，我也去送送新娘。"

　　到了为河伯娶媳妇的日子，西门豹带着卫士赶到河边。官绅、巫婆都会集在此，来看热闹的老百姓也有两三千人。巫婆身边跟着十几个女弟子，耀武扬威。西门豹看了看被选中的女子,说:"这个女子不漂亮,麻烦巫婆替我到河里去禀报河伯,我要重新给他找一个漂亮的女子。"说完,他就叫卫士把巫婆抛到河中。过了一会儿,西门豹说:"巫婆为什么去这么久?叫她弟子去催催她!"于是,卫士连续把她的几个徒弟抛到河中。西门豹弯着腰,恭恭敬敬地面对着河站着,等了很久,说:"看来,她们无法把事情说清楚,请官绅们替我去说明情况吧。"旁边的官绅都吓得在地上叩头,头都叩破了,脸色像死灰一样。从此以后,再也没人敢提为河伯娶媳妇的事了。

后来,西门豹得知漳河不仅没有发过大水,到了夏天雨水少的时候,邺县还会发生旱情。于是他带着老百姓开挖了十二条渠道,把漳河水引到邺地灌溉农田,庄稼得到灌溉,年年都有了好收成。

如今的杨贵正如当年的西门豹一样,带着林县人民投入红旗渠的火热建设中,开始在红旗渠建设的起点侯壁断,打第一仗。

漳河自古就有"九峡十八断"之称。什么是"断"呢?漳河水越过太行山的层层山峦,水流遇到山谷急剧跌落，形成的瀑布就被当地人形象地称为"断"。红旗渠的引水点就位于这"十八断"之一的侯壁断下方几百米的位置。河水从侯壁断猛跌下来，在高峰对峙的峡谷中一路奔流，向下游滚滚而去。在这里，要把汹涌的河水逼到岸边的渠道里，是修筑红旗渠至关重要的第一步。

人们决定，在这奔流的漳河水中筑起一道堤坝，让这道堤坝像一条巨龙一样，将漳河拦腰斩断，把河水拦住，使它抬高到一定高度，沿着预定的引水线路流进引水涵洞。

修大坝要用结实的钢筋混凝土，他们没有，还要用挖掘机、大铲车、推土机，他们也没有。此时，正是一九六〇年的春天，漳河的汛期还没有到来。带领大家修拦河坝的是董桃周，他是在漳河边长大的，最熟悉漳河的脾气。他对大家说，别看漳河现在水流急，困难很多，但还没到汛期呢。等汛期一到，水涨过来，层层巨浪卷着河床里的石块咆哮而来，到那时候，截流就更不可能了。

时间不等人，大家得尽快拿出个法子。董桃周把老工匠和大家伙儿聚在一起，沿着河边转了一圈又一圈，琢磨了半天，决定采取分段截流的方法，先从两岸的浅水处开始，往中间筑坝，最后再堵住中间的"龙口"。

方案有了，干起来啊！没有钢筋混凝土怎么办？老工匠嘿嘿一乐："咱太行山上有的是石头。"

没有大卡车，怎么把石头从高高的太行山上运下来？健壮的小伙子们一挺胸："我们背下来！"

筑坝都要用大石头，小的石头不管用。好家伙！小伙子们爬上高山采石，一块块硕大的方块大青石，每块都有上百斤，他们生生用双肩扛起来，再沿着羊肠小路背下来。肩膀是肉长的，一会儿就被石头坚硬的棱角磨得又红又肿，阵阵发疼，他们往肿胀的肩膀上垫个麻布袋，继续背。"哎哟——"有个小伙子身子一歪，倒在地上，大家赶忙把他扶起来，一看，鞋子都被磨穿了，露出脚来，脚底磨出了血疱。这小伙子找了根针把血疱扎破，爬起来接着干。

在背石头的队伍中，还有两个扎辫子的女孩子，一个女孩子扛不动这上百斤的石头，就两个女孩拿根杠子一起抬。头一天，她们的双肩就肿了起来,腿也发软。第二天,俩人双手抬着杠子不敢往肩上放,杠子一挨到肩膀,就疼得不得了。最后,她们还是一闭眼,赌气似的把杠子往肩上一放,抬着便走。后来,她们说:"这肩膀啊,是一天肿,两天疼,三天压成铁烧饼,就看你心硬不硬。"她们干了一个月,穿破了四双鞋,磨破了六副垫肩。大家都佩服地说:"真是修渠的铁姑娘啊!"

一个月以后,河两边的大石坝已经修得差不多了,就剩中间这一段"龙口"了。大家把背下来的石头都堆放在河滩上,沙包、草袋也堆得像一座座小山,所有的准备工作都做好了。

咦?情况有点不妙啊。奔流的水,被两边的大坝一挤,没有路出去,都挤到中间的"龙口"处了。水流咆哮着,激起一个又一个浪花,似乎变成了一个更有力量的"大水怪"。

"开始——截流——"堵"龙口"的命令一下达,哗啦啦,石渣就被倒了下去。但是"大水怪"舔了舔嘴唇,将石渣都吞了下去。

小的不行来大的,几百斤重的大石头被丢下去,咕噜咕噜,只在水里翻滚了两下,打了几个旋，也被"大水怪"吞下去了。

人们把麻袋装满沙土，接二连三扑通扑通丢下去，"大水怪"照单全收，吞了个精光。

这可怎么办？大家都急了。有个年轻的小伙子，气得脑袋像冒了烟，只见他太阳穴上鼓起了两道青筋，跑到沙袋堆上，抱起一个个沙袋，一个劲儿往水里扔，一边扔一边喊："我叫你再冲！叫你再冲！"

"大水怪"可不买他的账，一样全都吞了下去。

"光闷头干是要吃败仗的。"董桃周又出了一个新主意，"我们在河底打上木桩，木桩之间系上铁丝，然后再堆放沙袋，这样应该可以拦住这个'大水怪'。"

人们马上行动起来，把一根根木桩打进河底，一条条铁丝拦在中间，一袋袋沙包投了下去。"大水怪"愣了一下，它徘徊不前。"拦住了，拦住了……"大家刚要欢呼，"大水怪"突然更加凶猛地咆哮起来，它把铁丝拧成了"弓"字形，拔起了河底的木桩，把这一切又都冲了个精光。

杨贵和指挥部的领导们都来了，大家都清楚地知道，要想把漳河水引到林县，大坝截流是第一仗，这也直接关系到整个工程的进展，该怎么办？

突然有人说："用木桩挡不住，咱用人挡！"

"对！我们下去用身子把激流挡住，再向身后抛沙袋、石料，也许就能拦截成功。"

"不行！"杨贵和指挥部的领导们都不同意。此时冰雪未消，河水刺骨，寒气逼人。人的身体怎么受得了？而且水的冲力这么大，人下去万一被冲跑了怎么办……

但是，大家已经纷纷解起衣服扣子来。扑通！第一个人跳入刺骨的河水中，"大水怪"扑过来像要把他吞掉，在他身边卷起汹涌的浪花，眼看这人就要被冲倒，扑通！扑通！更多的人跳入水中拉起他。四十多人脱去衣服，有的仅穿着背心，有的仅穿着薄衣，大家都挽起裤腿，纵身跳进滚滚的激流中，肩并肩，手挽手，在冰冷的河水中筑起一道人墙。冰冷的河水一浪接着一浪，叫嚣着，冲击着，人们被冲得东倒西歪。见此情景，更多的人跳入水中，筑起第二道、第三道人墙……一连几道人墙筑起来，这"大水怪"终于迟疑着徘徊起来。岸上的

中华先锋人物故事汇　红旗渠建设者

人们飞奔过来,急忙在人墙后的激流中打桩,投沙包……水中的人们,个个冻得嘴唇青紫,牙齿打战得咯吱咯吱响,但没有人退缩。大家就这样在冰冷的河水中整整奋战了三个小时,"龙口"终于堵上了。

一个洪亮的声音回荡在群山峡谷中:"河水被截住了!"

随着这喊声,千年的漳河水改了道,顺着红旗渠的渠道,弯弯绕绕上了太行山腰。

平凡造就的英雄

林县人有着太行山人特有的坚毅和韧性,不达目的誓不罢休。为了截断漳河水,他们用一股子拧劲儿,以血肉之躯战胜了汹涌、刺骨的河水。这听起来不可思议,简直就像神话一样。

但自打红旗渠开始修建,这样的"神话"就开始由林县的普通人一次又一次地创造着。

1. 把生命献给红旗渠的青年——吴祖太

在林县,一提起吴祖太,朴实的老百姓眼里就泛起泪花:"人家一个外乡人,为我们修渠……"这样说着,老百姓脑海中就能清晰地浮现出他白净的脸庞、端正的五官、整齐的头发、清澈又坚定的眼神，朝气蓬勃的样子。人们的脑海中永远定格着这样的画面，因为他的生命就定格在这样的青春年华。

红旗渠的渠水要沿着山崖蜿蜒而流，如果没有精确的测量和完美的设计，就算修了渠，水也流不过来。为此，县委书记杨贵伤透了脑筋，他寻遍全县水利系统，只找到一个科班出身的吴祖太。吴祖太毕业于黄河水利学校（今黄河水利职业技术学院），杨贵把这副重担交给他的时候，他只有二十六岁。吴祖太要做的事情是勘测红旗渠，设计红旗渠。

为了确保测量精确，杨贵不停地嘱咐测量队："一定要仔细，不得有半点粗心大意！这可关系到工程的成败啊！"

时间是紧迫的，渠线的测量工作争分夺秒地进行。可是老天可不配合，寒冷的山风呼呼地刮着，越刮越大，好像是故意和测量队较量似的。吴祖太领着测量队员迎着狂风出发了，他们几乎是一步一趔趄地向通天沟走去。

一阵狂风卷来，连人带标尺都被吹倒了。三脚架还没支稳，也差点被狂风吹倒。"来，一个人扶一条支脚！"吴祖太的话音刚落，有三个人便蹲下来，死死地抱住仪器的三个支脚，并风趣地说："刮吧，俺们就是十二级台风的试验标！"

"来，咱们俩扶尺子。"吴祖太和同伴肩并肩，臂挽臂，抱着标尺顶着狂风，高喊："开——始——测——量——"

悬崖像墙壁一样陡直矗立着，人连立足的地方都难找到。没有合适的地方放水平仪，吴祖太把水平仪的一个支点放在悬崖上，让同伴把他吊在悬崖边，把水平仪的另外两个支点扛在自己的肩膀上来勘测。

只要是棉袄肩膀处露着棉絮的人，大家一看就知道这是测量队的人。他们长期背着仪器在深山里测量，衣服的肩膀处都被磨破了。

当时，虽然成立了测量队，但大部分队员对测量工作还不熟悉，吴祖太为此很着急。他总是在测量现场跑来跑去，帮大家解决技术难题。

有一次测量时，吴祖太对身边的小康说："来，咱们校正一下仪器。"

小康一听，纳闷地问："校正？咋校正哩？"

吴祖太也纳闷地问："你不会？"

小康嘻嘻一笑："俺不会，以前有个老技术员，俺求了他百十遍，他也不教给一遍。你一来，俺就知道有东西学了！"

吴祖太热情地说："来，大家都来！我懂的也不多，把我知道的说说，咱们共同学习。"他一边操作，一边讲解。末了，他还不放心，蹲在地上，又是比画，又是讲。他还怕他们记不住，又将仪器拧到原来错误的地方，让他们每个人都实际操作一遍。

吴祖太不是闷在屋子里做设计的技术员，他的设计都是在工地上。红旗渠修建在崇山峻岭之间，漳河水又喜怒无常，他打破象牙塔里的条条框框，摸清大自然的脾气，再根据施工的现实条件和林县当时的经济情况去设计渠线。

在红旗渠的渠线设计中，有一次，渠线要跨过峡谷，吴祖太带着设计组的人，在深山峡谷中攀上爬下，看一阵，画一阵，讨论一阵。最终，吴祖太设计出一个架设渡槽的方案，大家都拍案叫绝，可是吴祖太还是不太放心。第二天，他又带着大家一起到峡谷实地考察，正好碰到几位老大爷在种地。吴祖太眼前一亮，赶紧拿出设计图纸给老大爷们讲。大家满以为老大爷们会喜笑颜开，不料，一位大爷竟摇了摇头。他眯着眼看看眼前的山谷，又看了看设计图纸，说："我今年七十一岁啦，从我记事起，有三次山洪，水流的方向正冲着你们画的桥墩哩。"吴祖太吓出了一身冷汗，马上在现场重新考察、设计，规划了一条避开洪水的渠线。

红旗渠渠线设计经过"老虎嘴"时，吴祖太又遇到了难题。所谓"老虎嘴"，是在一处悬崖绝壁的顶端，有一块悬着的巨石伸出崖外，好似老虎大张着嘴巴。渠线正好要从这"老虎嘴"通过。吴祖太站在"老虎头"上，眉头时紧时松，他在想：是斩"老虎头"，还是穿过"老虎身"？斩"老虎头"，渠线会变长，工程量会变大，在悬崖绝壁上开山三百米，困难实在不少！穿"老虎身"呢，虽然只有五十米，但要挖空山腹，任务也非常艰巨！他们思谋了好一阵，大家一致觉得渠线穿过"老虎身"更好，倒是不用凌空操作。但这里的石质怎么样，凿山洞会不会塌方？民工的安全又怎么保障呢？大家还弄不清。有人说："嘿，咱先这样设计出来再说。"

"不！"吴祖太打断他的话，严肃地说，"咱们现在的设计，就要想到投资，想到劳力，想到施工，更要想到民工的生命安全！"

场面一下子沉寂下来。突然，吴祖太往远处一指，笑着说："救兵来了。"

大家这才发现，在另一个山头上，一群山羊正在啃草，一个放羊的人站在石头上，正好奇地向他们张望。不一会儿，吴祖太就把这位老羊工请了过来。多年来，老羊工就在这一带放羊，山上的一草一木，他都了如指掌。老羊工说："这儿虽是石头山，可地质不牢，如果钻洞子，很可能要塌方。"

"钻洞子不行，那就得斩'老虎头'了。"吴祖太说。

"你们跟我来！"老羊工说着将羊皮袄脱了往地上一甩，往前走去。吴祖太他们一个跟着一个，跟在老羊工后面，一步步攀上了"老虎嘴"。站在这里，往上看不见蓝天，往下瞧不见漳河。山风呼呼响，满地怪石，犬牙交错。在一个稍宽的地方，老羊工停下来说："咱们现在头上是'老虎'的'上嘴唇'，脚下是'老虎'的'下嘴唇'，咱们这伙人眼下都在半空中的'老虎嘴'里！"吴祖太等人马上掏出皮尺，向前走一段，量一段，画一段，从"老虎嘴"里钻过去，又钻过来，反复观察、测量。最后，大家决定，渠线通过"老虎嘴"，不动"下嘴唇"，炸掉"上嘴唇"，往里再劈六米。

吴祖太自从来到林县，就一直为这个困于干旱的地方的水利事业奔忙，一而再再而三地推迟自己的婚期。

他来林县之前本来要跟未婚妻结婚，可是一纸调令，让他推迟了婚期，前往林县水利局工作。到了林县，吴祖太马上投入了南谷洞水库的施工，未婚妻来信问他婚期，他回信说："现在水库正处在紧张的施工阶段，等到汛期再结婚吧。"汛期到了，大部分民工都回家了，吴祖太留在工地上防汛。未婚妻又来信问他婚期，他回信说："刚修好的大坝，如果基础工程保护不好，就会功亏一篑。等到冬天再结婚吧。"树叶黄了，树叶落了，大雪降临了，冬天到了，未婚妻再一次来信问婚期，吴祖太回信说："没有想到，冬季虽然是农闲的季节，却是水利建设的旺季。"未婚妻一赌气来到了工地，两个年轻人就在简陋的工地上举办了婚礼。

在此之后，吴祖太这个有才华、有理想的年轻人又一心扑在了红旗渠热火朝天的建设中。

自北向南的红旗渠总干渠蜿蜒盘旋到白家庄时，自西向东的浊河挡住了它的去路。别看现在浊河没有多少水，几乎是干涸的，但是一到汛期，水量激增，又因为流经之地都是断壁，水势就愈加凶猛，被当地人称作"怪河"。现在这条怪河挡住了红旗渠，这该怎么设计渠道呢？吴祖太一行人到白家庄进行实地勘察。他们经村民的指点，找到了一位姓杨的老石匠，据说这老汉带大家修过坝，跟浊河水打了半辈子交道，最熟悉这条怪河。

老石匠领着他们来到一座破庙，庙里的神像早已被洪水冲毁了。老石匠手指着庙墙上一道道土黄色的痕迹，说："看，这就是浊河洪峰留下的印记。"吴祖太赶紧记在本子上。老石匠又领着大家来到河滩，指着河床说："我小时候，这河还在北边，河身不过几十米宽，后来年年洪水冲，河床现在到了南边，河也变宽了。"走啊走，吴祖太突然停下来，问："大爷，您看咱们的渠修在这里怎么样？"老石匠抬头一看，这里两山对峙，河床狭窄，上游水流缓慢，下游河床陡直，正是筑坝的好地方，他连声称赞道："小伙子，有眼力！"

吴祖太就在这里设计了一个空心坝，让浊河水从坝上流过，渠水从坝心双孔的涵洞中流过，谁也不干扰谁。这个设计真是巧妙极了。

大坝建成以后，有一年遇到了一场暴雨，山洪呼啸着向大坝冲来，结果，雨停了，洪水泻完了，大坝安然无恙。

不过，这样一个堪称水利工程典范的空心坝，才华横溢的设计者吴祖太却没能亲眼见证它的建成。

一九六〇年三月二十八日傍晚，在王家庄涵洞工地附近，吴祖太正在吃晚饭。他心里正担心着王家庄涵洞：这里土质松软，民工在里面施工会不会不安全？现有的加固办法是不能解决根本问题的，他想要把洞型再改一下，由"嘴洞"（单孔洞），改为"鼻子洞"（双孔洞），这样民工的施工安全就有保障了。

正在这时，有人喊叫着跑过来："洞顶裂缝了，掉土了。"

"不好！"吴祖太敏锐地察觉到，那里有塌方的危险。

他放下碗筷，拔腿就往王家庄涵洞里跑。负责工程安全的李茂德不放心，也跟他一起跑了进去。

他们一边喊民工们赶紧撤，一边往洞的深处跑去。十几分钟后，只听轰隆一声，涵洞塌方了，吴祖太和李茂德牺牲了，吴祖太的生命就这样定格在了二十七岁。

2.为了别人的生命——李改云

一九六〇年四月的一天，一架直升机徐徐降落在林县的盘阳村，红旗渠工地总指挥部的医院就设在这里。直升机在二十世纪六十年代还是罕见的，这个当时只有三十几户人家的小山村沸腾了，人人奔走相告："直升机来了！""直升机来接李改云了！""李改云有救了！"

李改云，这位只有二十四岁的女青年，曾感动了整个红旗渠工地，牵动着无数林县人民的心。

红旗渠开工前一年的秋天，大旱。作为女干部的李改云带着家乡的妇女们抗旱，她们整天整天地摇着辘轳，手都磨破了皮，一天也浇不了多少地。这怎么行呢？热辣辣的太阳烤焦了大地，也烤焦了李改云的心。

几个月后，"引漳入林动员令"似乎是一场甘霖，浇在了李改云的心上。听说要劈开太行山，修一座大渠，从漳河引水来，李改云眼前似乎出现动员令里描述的渠水灌溉田地、果园，一片丰收的美景。动人的微笑浮上这位年轻姑娘的脸庞，她的心里特别激动：在太行山上修渠一定很艰难，但我还是想去渠上大干一场，为家乡引水贡献自己的一份力量。

争取上渠，李改云费了一番周折，因为人们的热情都很高，一位女青年，自然不是被优先考虑的对象。可是李改云的态度特别坚决，最终还是为自己争取到上渠的名额。

从李改云的家乡到渠首，有七十多公里山路，山高路窄，非常难行。李改云跟青年男子一样走在最前面，爬悬崖、跨山涧，她毫不抱怨。这名额是自己争取来的，她可不想被别人看扁了。

到了工地，领导关切地问："改云，路上咋样？"

她高高兴兴地回答："没一点儿事！虽然累点、苦点，但心里是甜的啊！"

"脚上磨泡没有？路可不好走啊！"

她顿时一愣，这一路非常崎岖，她的脚早就磨起了大泡，但她随即摇着头，笑了笑说："没有，这有啥难的？！为咱家乡修大渠，吃点苦算什么！"她既不叫苦，也不愿让别人知道。李改云就这么朝气蓬勃地出现在了红旗渠的工地上！

一九六〇年二月十八日，太行山上仍然是积雪压顶，寒气逼人，温度经常在零下十摄氏度左右。山上天气喜怒无常，动不动就狂风不断，飞沙走石，更增添了几分寒意。李改云却不畏严寒，每天起得早，睡得晚。她要照顾民工的生活，还要领导施工，参加劈山开洞的大工程。李改云觉得组织上让她到红旗渠上来，是对她的极大信任，也是对她的考验，她一定要交上一份让人满意的答卷。

那天清晨，当晨雾还笼罩着山谷的时候，李改云和千千万万个修渠的兄弟姐妹一起来到了红旗渠工地。山谷里立即沸腾起来了：震耳欲聋的隆隆炮响，叮叮当当的锤声，还有青年们爽朗的欢笑声，富有力量的劳动号子……这都让李改云内心激荡，她迅速融入工地上的人群中，融入劳动中。

他们现在工作的地段，下面是四五十米深的悬崖，上面是一百多米高的山峰。

到了中午，劳作半天的人们该收工了，李改云像往常一样，开始进行收工前的检查。路上都是陡坡石块，稍不小心就会掉下万丈深渊。李改云一手拿着工具，一手拿着喇叭，看到哪里活儿需要搭把手，就赶紧帮着干。她还不时地喊大家注意安全，不仅要小心脚下，也要注意上面坠落的飞石。

李改云走到一处很窄的崖边，她似乎听见头顶上有什么东西滚落下来，下意识地一抬头，惊出一身冷汗。呀！危险！头顶的山崖裂开了，裂了好大一条缝，眼看就要塌下来了！碎土石子已经稀里哗啦地往下落，而下面十几个青年人正在专心地干活儿，丝毫没有察觉。

"土要塌了！土要塌了！快跑！快跑！"李改云高声地喊叫着。随着她的喊声，青年们迅速跑开。这时，空地上只落下了一个姑娘，被眼前的一切吓傻了，直愣愣地盯着头顶上马上掉下来的大石头，腿脚却像被定住了一样，一步也挪不了。惨剧眼看就要发生。

这时，李改云什么也顾不上了，她把手里的东西一扔，拼命地跑到姑娘身边，猛地把她推到了一边。李改云的手还来不及缩回来，只听哗啦一声，土和石块全部塌了下来。接着，一块大石头从她的右腿上滚了过去，塌下来的山石、沙土裹挟着李改云坠下几十米的悬崖。

人们迅速地跑了过来，往下看，已经看不到李改云了，她被土石埋住了。人们跑到山崖下，一边呼喊着李改云的名字，一边用手拼命掀开压在她身上的石块。人们的呼喊声，在太行山的峡谷中回荡着。

当李改云被大家刨出来时，她虽然尚有呼吸，但已经成了一个"血人"，她的右小腿被巨石碾碎了。

过了好久好久,李改云才在人们的呼喊中慢慢地睁开眼睛。她一睁眼就问:"还……还有别人被压在底下吗?"

"没有!一个也没有!"周围的人告诉她。

这时,她才放心地点了点头,但剧痛使她又昏迷过去了。

当李改云重新苏醒过来时,她对身边的人说:"我要是不行了,信用社有我存的十元钱,请你帮我把党费交了吧!"说完,便又昏迷了过去。

李改云被送到盘阳的工地医院,再次睁开眼睛时,又问起那个姑娘。护士告诉她:"她很好,一点儿伤都没受。"

李改云欣然说:"那太好了!她才十六岁,以后日子长着呢,万一有个三长两短可怎么办?"

周围的人见她只关心别人,居然都没有问起自己的伤势,心疼得眼泪在眼眶里直转圈。

医生看了李改云重伤的腿,遗憾地说:"腿保不住了,要锯掉。"

李改云正值青春年华,充满活力,做什么事都喜欢跑着去：去地里干活儿要跑着去，上山修渠要跑着去，帮别人干活儿也要跑着去……她觉得跑着好，跑起来才有劲儿，如果没有了腿，她还怎么跑呢？

李改云在医院昏迷了几天，醒过来后，只觉得难受得很，连呼吸都很困难，她对守在她身边的人说："我要是死了，你们一定要把渠修好……来工地之前我向老支书表过态……渠我一定要修好，把水带回林县……亲自带回去。要带不回水，我就不回来……现在看起来我是不行了……我死了，就把我……埋在渠上……我要看着水往林县流，往家乡流。"

为了打破这沉闷的气氛，有人强打精神跟她开玩笑："平时也没见你跑这么快，嗖的一下就冲过去了。"

"能不快跑吗？我得负责大家的安全啊！"

"那山塌了，石头掉下来，要砸死人的呀，你不怕？"

"石头不长眼，危险啊！可是，谁叫我先看到石头要砸下来了啊，我看见了，能见死不救吗？"

在场的人，再也忍不住热泪了。

一段时间后，医院向红旗渠指挥部汇报了李改云要锯掉腿的事。指挥部说："治疗李改云的腿，用啥药，指挥部都可以当家。但若要锯腿，这个家指挥部当不了，务必要保住李改云的腿！"

直升机来了，带着李改云去了省城最好的医院。二十多天过去了，李改云在治疗中不喊一声苦，不喊一声疼。在医生的努力下，她的腿终于保住了，但却落下了终身残疾。

六十多年过去了，李改云已两鬓斑白，在自己的农家小院里过着宁静的生活。见证岁月的皱纹爬上了曾经年轻的脸庞，唯一不变的是那依旧灿烂的笑容。提起因救人落下残疾的事，她哈哈一笑，说："这事做得值！毕竟救人一命，自己只是瘸了点，算个啥！"

3.聪明过人的"土专家"——路银

世界上许多伟大的建筑背后常有一个个响亮的工程师、设计师的名字。像红旗渠这样劈山修渠、逼水上山的大工程，更离不开人的聪明才智。红旗渠也有这么一位家喻户晓的专家，他的名字叫路银。只不过，他是土生土长的农民，甚至大字都不识几个，因此被人称作"土专家"。

一九六五年四月的一天，太行山区春光明媚，合涧镇上人声鼎沸。男女老少奔走相告："快去看，红旗渠和英雄渠汇合啦！"山坡上站满了人，渠道两旁更是被挤得水泄不通。

人们称红旗渠和英雄渠的汇合处为"红英汇流"。红旗渠水打北边流经这里，英雄渠水打西边奔腾而来，两条渠在一座青石桥下汇合在一起，向东方滚滚流去。林县人在震耳的哗哗水声中激动万分。

"你看，这红英汇流的闸门设计得多巧妙！"

"不知道是哪位专家、哪位工程师设计的。"

"这是咱的'土专家'路银设计的。"

"路银，是东小庄的那个路石匠吗？"

"对，就是他。"

路银一九一〇年出生于林县，因为家里穷，他一天学也没上过。但他天资聪颖，十三岁就跟着大人学了一套石匠手艺，二十岁就做了石匠，四处做工。一九四二年的那场大旱，堵死了林县人的活路。为了活命，路银领着一家老小历经生死逃荒到了山西。当听说要修红旗渠时，路银高兴得合不拢嘴，因为作为林县人，他自称是"和干旱结下永世冤仇的人"。

从一九五六年开始，路银就参加了林县大大小小几个水利工程的建设。一九六〇年，修红旗渠的时候，他已经年过半百了，胡子都白了一半。他高高的个子、瘦长的脸，身上的黑棉袄被风吹日晒成了白色，被山石磨破的地方露着棉絮，裤子上还打着补丁，怎么看怎么像个老农民，与工程师、设计师似乎不沾半点边。有那么八九年，路银一直奔忙在水利工程上，村里人见了他都说："路银，你还打算在渠上干几年？"

路银说："需要几年就干几年，反正渠不修成不回来。"

"舒舒服服在家里待着多好啊！"

"不行，想想祖祖辈辈人受过的罪，看看现在，林县还这样缺水，我浑身的劲头就都来了，决心也就更大了！"

在家乡修过小渠，又多次参加林县水利建设的路银，积累了很多修渠的经验。在红旗渠工地技术人才极度匮乏的情况下，路银被安排担任技术员，主要负责渠道测量和施工管理。这么重的担子给了路银，他暗下决心，要把本事使尽、力气用足。每天天不亮，他就到工地，晚上民工都走了，他还在工地。冰天雪地，严寒酷暑，路银风雨无阻。几公里长的渠线，他一天能跑四五遍。民工垒的渠，甚至每块石头他都要摸好几遍。路银想，这渠道就是个大水缸，有一点儿空隙就要漏水，要下决心非干好不可。

路银虽是石匠出身，但心灵手巧，喜欢钻研，之前在水库施工实践中积累了很多经验，在测量上有了一技之长。他虽然识字不多，却懂得三点成一线的道理。当时的条件差，缺少水平仪和三脚架，他就凭自己多年的经验，用洗脸盆盛上水，水里倒放个小木凳，创造了一种简易的水平仪"水鸭子"。测量时，他除了用水平尺外，还会用"水鸭子"。"水鸭子"虽然有点土，但制作简单、易学好用，在缺少先进测绘仪器的红旗渠工地上发挥了重

平凡造就的英雄　85

要作用。

据说,"水鸭子"在二十五米的距离内使用才有效,如果距离过长,测量结果可能就不那么准了。要保证测量精度,就得分段来测,那测量的人就辛苦了,需要在渠线上跑来跑去、不厌其烦地反复测量。春夏秋冬,不论刮风、下雨、下雪,路银常年在太行山悬崖上,两手端着"水鸭子"或水平尺,弯腰测,趴着测,跪着测。走走测测,测测走走。实在累得支撑不住了,他就稍微直直腰,就算休息。冬天双手冻僵了,他就把手放在肚皮上暖暖,就算取暖。常年爬山测量,路银的手指磨出了血,衣服鞋子也磨破了,但他毫不在意,就算走山路扭了脚,也要踮脚继续测量。

作为勘测技术员,总要写写画画,可是路银不太会写字,做不出文字记录。这个缺点并没有让路银退缩,不能用文字记录,他就把一段一段测得的渠线数据深深记在自己的脑海里,一遍遍背下来。每天晚上睡觉前,路银就把白天勘测的渠线数据在脑子里一遍一遍像放电影一样回想,心里想想,口里念念。经过施工验证,他这样勘测出来的渠线极为准确,这真是个奇迹!

就是这么个土专家,居然敢向水利专家提出质疑。

红旗渠修焦家屯的大渡槽时,路银负责施工。技术员老李拿着设计图兴冲冲地跟他说:"老路,你看嘛,这个大渡槽的设计,多么阔气。嘿!八个孔眼。这么大个渡槽建在水库大坝上,将来槽上走渠水,槽下走行人,真是新颖美观……"

路银听着听着,脸上兴奋的神色不见了:"这样的设计中不中,我们还得好好研究一下。"

"开玩笑吧?"老李吃惊地说,"这可是专门请水利专家给咱设计的。"

"这个设计,把渡槽修在大坝上,大坝原本就高十七米,还要在它上面再修一个高二十一米的渡槽,总觉得不大牢靠,大坝吃得住吗?得好好研究一下可不可行。"

"我呀,就是来给你交代图纸,解说工程的。还研究个啥?图纸是人家专家设计的,你想过的问题,专家能想不到?"

"咱不能只听专家的,还要看适用不适用。"

其实，路银老早就实地考察过，也访问过当地群众。他有着迥然不同的设计思路："我觉得绕开大坝，从山上开渠，这样虽然渠道长了一些，但避开了在大坝上修渡槽的风险。"

老李摇了摇头："老路啊，这个思路也有人提过，但是看到专家把图纸都已经设计好了，就没人再说什么了，为什么非绕道儿呢？"

晚上，回到简陋的工棚，路银像中了邪似的，他用手在桌子上来回比画。一会儿，他又跑出去，找了些草棍，用草棍摆了好多图案。这草棍摆的图案只有路银自己能看懂，有人跑过来看，也没看懂，反而说路银在耍把戏。他又把皮尺和水碗摞起来，摞着摞着，他摆的东西轰隆一声全倒了。他嘴里嘟囔："不安全，不安全啊！"

原来，路银在反复琢磨、比较两个方案。他心里想的不仅是技术上能不能把渠从大坝上修过去，还有经济、质量、安全以及方便群众等多个方面。路银是个"土专家"，一贯坚持从实际出发。

第二天一早，路银又一次出现在焦家屯水库大坝上。这一次，他叫上了老李，还有其他几位技术员，他要和大家一起对两种方案做现场的考察和比较。

路银果断地说："现在的设计有问题，必须改！"

"有问题？"老李吓了一大跳，"你不过是个土……"老李把后半句话咽了回去，他心想，路银不过是个土石匠，怎么敢对专家的设计提出这么严重的批评呢？不过，他看得出来，路银是认真的。

"从技术上说，在大坝上修这么高的大渡槽，坝基禁不住压，工程质量没保证，施工也不安全。从经济上说，这么高的渡槽，又是三条走廊，又是八个桥孔，光搭手架最少就要三百立方米木料，而眼下，咱们连一根也没有啊。买的话要现钱，咱们哪儿有钱呢？从时效上说，在大坝上修渡槽，工期要延长，影响红旗渠早日通水。"

老李忍不住点了点头，他没想到，一个普通石匠，谈设计谈得这样头头是道。老李同意向上级申请更改设计，说："那就试试吧！"

"不是试试，是非变更设计不可。"路银瞪大眼睛，"都是为了修渠，只要咱们的理由充足，上级不会不考虑的。"

老李卷好图纸，路银披上那件旧棉袄，人们一看，他们这是要出远门的架势。没错，他们要去县里请示变更设计。

有人跟路银开玩笑："老路，你认识几个字，敢去和专家对着干？"

路银笑了笑："为了修渠嘛，该说就得说。"

"哎哟，算了吧。"

"你们别给我泄气，我心里有底。"

三天过去了，还不见路银他们回来，大家心里都打起了鼓，总觉得大概是"风口上点灯——吹了吧"。

过了好几天，路银才回来，他面带喜色。大家一看就知道事成了！大家都说："老路办事真有决心哩。"

路银的故事还有很多，在红旗渠工地上，像路银这样的技术员也有很多。红旗渠这一千五百多公里的渠线就是用这些"土专家"想出的"水鸭子"这样的工具，用洗脸盆、麻绳、皮尺一点点地实测出来的。他们的方法很土，闪耀着的却是劳动人民勤劳智慧的光芒。

4.神炮手——常根虎

在红旗渠上，大家分工不同，各有建树。但是有一个群体更加引人注目，是修渠工地上的焦点，他们出场时伴随着隆隆的炮声，在爆炸过后的烟尘中渐渐显露身影。在劈山巨响的震颤中、在巨大山石坠落的震撼中，人们不由得对他们产生膜拜之情。他们就是炮手。

红旗渠总干渠在山腰上施工，整个渠线全要用炮炸开。在那个年代，修建红旗渠的工具极其简陋，与铁锹、镐头、铁钎……这些几乎是千百年来农民世世代代使用的原始工具相比，炸药就是当时最先进的爆破器材。炮手们经年累月地和炸药、石头打交道，都是些天不怕、地不怕，不怕苦、不怕死的闯将。只有先劈开太行山坚硬的山石，人才能在上面修渠，他们是修建红旗渠的"开路先锋"。

在这个特殊的人群中，有一个赫赫有名的代表人物，他就是被称为"神炮手"的常根虎。

常根虎那一手开山放炮的本领，被传得神乎其神。人们说，你跟常根虎说需要多大的石头，他就能一炮给你崩下来多大的石头。你要是叫石头往西崩，他一炮下来，绝不会有一块石头往东崩。你要说这一炮不能有石渣乱飞，他一炮下来，你仰着头等半天，也不会有一块石渣落到你头上。

虽然他是一位神炮手，但他的本领也不是天生的，而是通过日积月累的磨炼和钻研得来的。

在修红旗渠以前，常根虎已经在水利工程建设中跟石头打了六七年的交道。开始的时候，他在南谷洞水库参加建设，报名了大炮队。大炮队的工作可不寻常，人们需要攀登到悬崖绝壁上，用绳索悬吊着在山崖上抡锤打钎、装药放炮，是个危险的活儿。可是常根虎觉得这工作过瘾，要是干别的，那可没意思。

虽然以前没有下过山崖，可是常根虎是个农民，在家下过井，所以他觉得应该没啥大问题。但下山崖的第一天，常根虎悬在半空中心惊胆战，不由得蜷缩起身子，身体不由自主地打转，被碰得青一块紫一块。他心里暗想：嘿，这还真比下井难得多啊！不过他这个人倔强，认准的事绝不退缩。他又想：我就不信，豁出命去学，还能学不会这个。打这天起，常根虎就豁出命练起"功夫"来。白天，他在老师傅的带领下学攀岩绝壁，装药放炮。到了晚上，别人早就打起了呼噜，他却带着一根大绳，趁着月色，悄悄跑到村边的大槐树下，把大绳往树杈上一系，顺着绳子爬上爬下，苦练下悬崖的本领。在寒冷的冬夜，他能练得浑身热气腾腾，等他练完回去，别人都睡醒一觉了。就这样白天练、晚上练，常根虎练就了一身好本事，从一个第一次下山崖被撞得浑身青、第一次听见炮声就赶紧用手捂耳朵的普通农民，成长为远近闻名的神炮手。

因为常根虎的出色表现，他被挑选到红旗渠工地上担任炮手。这个刚刚崭露头角的青年炮手正摩拳擦掌准备大显身手，红旗渠上的指挥长却黑着脸过来了。

"刚才的炮是你放的？"

"是！"常根虎身板一挺。

"你才来这里，还摸不透渠的脾气，这次失败了，不能怪你。你总结一下教训，下一次就有经验了。"

指挥长话音一落,就像在炮手队伍中放了一个大炮,大家都被炸蒙了。

"什么失败了?"

"炮不是响了吗?"

"没有哑炮啊!"

常根虎也急了:"咋叫失败了呢?"

"炮是响了,可是崩坏了渠线啊!渠线的高低、宽窄都有严格的要求,你这一炮,比原来规定的渠线低了二十多厘米,我还得找人垫上这二十多厘米。"

常根虎一听更急了,放炮本来是为了省工,现在还得往上垫石头,变成费工了。大家每天在工地上争分夺秒地赶进度,这样一来,又浪费了不少时间啊。

跟常根虎一起来的几个炮手却不高兴了。

一个人粗声粗气地嚷嚷道:"这不是为难人吗?放炮哪能像裁缝做衣服那样规矩,说崩几米就几米,说崩几厘米就几厘米,我看你们就是鸡蛋里挑骨头。"

"是啊,咱们以前在南谷洞水库多痛快,一声炮响,活儿就完事了,哪像这里。"

原来,常根虎他们在南山谷水库放炮,只是为了崩山取石,炮大炮小,可以随便来,崩深崩浅,也没有关系。可是修红旗渠完全不是这样,对放炮的要求更高,也更精准。

常根虎冷静下来:"你们这种说法不对,错了就是错了,今天崩坏渠线,责任全在我。咱们应该好好想想问题出在哪里、怎么解决。抱怨有什么用?不解决问题。"

常根虎虽然干的是放炮的体力活儿,可是他爱钻研,这次事件让他觉得不能老靠以前的经验干活儿,南谷洞水库放炮的老办法行不通,得开动脑筋,想别的办法。

当天夜里,他就把大家都召集来,认真总结经验教训。大家你一言我一语的,居然真的找到了不少问题。

吃一堑,长一智。从此,常根虎就多了个心眼儿,他白天在爆破场地做实验、搞研究,晚上就召集大家总结这一天的放炮经验。哪一炮效果好,为什么?哪一炮效果差,又是为什么?有了前一天的经验总结,第二天他再拿去做实验,就这样循环往复,推进工作。常根虎坚信,石头是死的,可人是活的呀,只要苦心钻研,就不信掌握不了放炮的准头、炸石的特点、开山的规律。功夫不负有心人,摸索出了这些特点和规律,石头到了常根虎手里就像块橡皮泥,捏什么成什么。

指挥长说:"根虎,东边工地和西边工地需要的石头数量不一样,你有没有把握放一炮,把大部分的石头崩到东边的工地,小部分的石头崩到西边的工地?"

常根虎一笑:"试试吧。"

轰隆一声炮响,果然,石头崩下来了,东边多,西边少。

"真是神炮手啊!"大家惊呼。从此,神炮手的美名就传开了。

可是常根虎说:"过两天,工程再往前推进,那里石头的特点和炮眼的深浅又会出现新变化,说不定还要失败几次才能摸索出规律呢。"

"老炮"一般装药比较多,威力很大,有时在开山劈石时会用到。当人们谈起常根虎时,总会说起他放过的一个老炮。

当红旗渠修到一个小山村时,已经是滴水成冰的腊月天。眼看就要过春节了,为了赶在春节前完工,大家纷纷要求炮手放个老炮以加快工程进展。

可是指挥长却愁眉紧锁,迟迟没有表态。

常根虎去找指挥长:"指挥长,让我来放个老炮,保准加快咱们的进程。"

指挥长叹了口气,他佩服在隆隆炮声中成长起来的常根虎,知道他好钻研,通晓石性,练就了不少爆破的绝招。可是指挥长忧虑的不是一炮两炮的问题,而是工程离村子太近了,渠从村边过,离村子只有几米。在老百姓的屋檐底下放炮,炮手的技术再高也难保不出事。

他语重心长地说:"根虎啊,胆大还要心细哩,这一炮可不是闹着玩的。"

嘿,原来是这样啊。指挥长顾虑的这个情况,常根虎早就在心里想了千万遍。他胸有成竹地打了包票:"我保证不出一点儿问题!"

常根虎把自己已经仔细研究过的放炮方案一说,指挥长心里顿时亮堂了。虽然他同意了常根虎的方案，但还是担心群众的安全。到了放炮那天，指挥长这里跑跑，那里看看，先把群众带到隐蔽的地方安顿好，然后又回去挨家挨户地喊："要放老炮啦，还有没有人？大家全部撤离，全部撤离！"

一切都安顿好了，就等放炮了。可是，二十多分钟过去了，按说炮早该响了，怎么一点儿动静也没有？指挥长既看不到弥漫的硝烟，也没听见炮声，正在纳闷呢，突然看见常根虎从隐蔽处走出来，溜溜达达往炮位走去。

指挥长急了。他连喊带跑，飞也似的跑到常根虎跟前，大声喊道："根虎，你不要命了？炮还没响，危险！"

常根虎笑笑说："要啊！命咋能不要？"

"那为啥炮还没响你就往回返？"

"早响了，声儿小，是你没听见吧？"常根虎很镇静地说。

"是响了，地还震了一下呢。"跟常根虎一起的炮手说。

"已经响了？我咋没听见？"指挥长半信半疑地说。他三步并作两步，赶到那里一看，只见炮位所在的大山坡整个被掀了起来,可是几米外的房子附近的地面,却连一道裂缝也没有。

"神炮!神炮!"

哪有什么神炮?这只不过是多年来常根虎胆略和聪明智慧的结晶。如果没有冒着生命危险点响的第一炮、第二炮,没有将渠水引到家门口的干劲和勇气,没有日日夜夜的苦心钻研、悉心探讨,他怎么会有让人叹为观止的放炮本领?

放炮毕竟是危险的事情,常在河边走,哪有不湿鞋?常根虎也遇到过无数危险,有时他能化险为夷,有时也难免受伤。他遭遇过身上的大绳突然断裂的险情,也有过昼夜不息钻进洞里苦干四十天的经历。

神炮手的传奇,是由常根虎建设红旗渠那坚定的恒心、惊人的胆识、出色的智慧和坚韧不拔的精神所创造的。

5.悬崖峭壁上的"飞人"——任羊成

一九六〇年秋天,红旗渠修到了鸻鹉崖这个地方。鸻鹉崖是一道险峰,朝河的一面是与地面夹角近乎九十度的绝壁，有二百多米高，经常是雾气腾腾，阴森森的。鸬鹚崖旁边是奇形怪状的崖壁。在山上云雾缭绕处有一座小庙，庙门两旁写着"庙小神通大，威震高山岗"。当地人都说，鸬鹚崖万分凶险，猴子爬不上，禽鸟不敢攀，人可不敢来。

可是红旗渠要从这鸬鹚崖通过。勇敢的林县人来到鸬鹚崖，当即给小庙换上了新的对联："人民力量大，逼水上高山。""当当当当……"崖顶上钉上八根钢钎，八位生龙活虎的青年站在鸬鹚崖顶上，昂首挺胸，把比树枝还要粗的绳索一头拴在钢钎上，一头拴在他们的腰间。随着一声令下，八个人一起溜了下去。

八名勇士在上无寸物可攀、下无立锥之地的悬崖峭壁上，用脚尖蹬住山崖，抡锤打钎，点炮开洞。

鸬鹚崖动不动刮起的山风，吹得他们在空中来回晃动。他们尽量控制身体，专心做活儿。什么苦啊，累啊，他们早抛到了九霄云外，一心修红旗渠，为家乡引水解旱。

经过三个月的苦战，炮洞凿好了，轰隆隆的炮声也响了起来。可是鸻鹉崖被炮崩过后，虽然工程向前推进了，可这里却比以前更凶险了。山体上出现一道道龇牙咧嘴的大黑缝，残留的巨石摇摇欲坠，山风呼呼一刮，巨石就哗啦啦往下掉。一时间，这里出现了数起伤亡事故。这时，谣言四起，迷信的人说，在这里开工是得罪了鸻鹉精，鸻鹉精报复来了。一时人心惶惶。

为了民工们的安全，工程被紧急叫停了。红旗渠总指挥部专门研究了鸻鹉崖的险情，制定了措施，抽调精兵强将，开展了"鸻鹉崖大会战"。

为了应对鸻鹉崖的松动山石给民工们带来的危险，来了一支除险队，飞檐走壁，坐绳除险，队长就是任羊成。

只见他一边用双手迅速地在胸前结着十字大绳，一边嘱咐其他队员要切实注意安全。一切收拾妥当，任羊成说"好啦，下吧"，便双手握住大绳，身子一蹲，哧溜一声，凌空飞去。大绳随即哧溜溜地朝崖下滑去，人们的心也嗖的一下被吊了起来。可是任羊成仍旧镇定自若，像雄鹰一样翱翔在云雾之间，一边往下滑着，一边向山顶看绳的队员们说："喂，伙计们，真好看哪，就跟腾云驾雾一样！"

一直向下滑三十多米，任羊成发出一声信号，大绳停止下滑。任羊成手持一根两米长的除险木杆，一会儿用脚蹬，一会儿用木杆点，身子轻轻地荡到一边，躲开了险石。任羊成又将身子牢牢贴在崖壁上，挥动除险木杆，用木杆末端的铁钩把山体上松动的石头一块一块掀起来，让石头滚下山崖去。崖下的人们都闪在一边，个个仰着脖子，看着吊在半空中的任羊成，为他捏一把汗。

像这样的险地，在红旗渠总干渠上，就有五十多处。被炸过的山石像刀子一样锋利，任羊成一天到晚在山上作业，一不小心就会被划到身体，甚至皮开肉绽。当时任羊成只能用麻绳作业，绳子被石头反复摩擦，随时有断掉的危险。但是，为了除掉险石、保护修渠民工，哪里危险，任羊成就出现在哪里，干得都是不要命的活儿。人们都说："除险队长任羊成，阎王殿里报了名。"

有次除险时，碎石又哗啦啦往下落，任羊成灵活地左躲右闪。谁知他刚一抬头，一块碎石不偏不

平凡造就的英雄

倚，正好砸在他的嘴上。他只觉得嗡的一声，就失去了知觉，随即，系着他的大绳在空中旋转起来。这种情况对悬在大绳上的人来说是最危险的，幸亏他很快清醒过来。他想：你砸你的，只要砸不死，我就干我的。他准备向崖上继续发信号，连张了几次嘴，却怎么也张不开，嘴很麻，就像有东西压在舌头上，喊不出声。他用手一摸，嘴肿了，里面全是血，原来是自己的几颗门牙被石头砸倒了。他从腰里拔出手钳，狠狠心，伸进嘴里，拔掉了门牙，吐了好几口鲜血。他仰头望着山崖想：就算砸掉了几颗牙，我也不能停工，崖下还有那么多民工等着上工呢！

任羊成忍着疼痛，一直坚持到了下工。

后面几天，任羊成吃饭时端着饭碗，一个人躲在一边偷偷吃。放下碗筷，他又戴上个大口罩，往工地走。

领导马有金见了觉得奇怪，就叫住他："羊成，今儿咋讲究起来了，戴上了大口罩！"

任羊成说："风大，吹得牙疼。"

"在'天上'飞时咋就不戴？"马有金又问。

"干活儿时要喘气,憋得慌。"

后来,马有金才知道,任羊成那是被落石砸掉了好几颗牙,满嘴血糊糊的,怕领导见了不让他去除险,才捂上了大口罩。

又有一次,任羊成在一处长满荆棘的石崖附近除险。当他脚蹬崖壁用力使劲荡起来后,身上的绳子突然滑落,任羊成一下子掉进了荆棘圪针[1]窝里,又长又尖的圪针扎遍了全身,刹那间钻心的疼痛让他动弹不得。他咬紧牙关,硬是一声没吭,等疼痛到一定程度,身体麻木劲过后,他继续默默地干着没干完的活儿。

傍晚回到住地,任羊成喊来房东大娘帮他挑圪针。他脱去布衫,大娘被他满身的圪针吓得打了个激灵,颤声说:"孩儿哟,咋叫圪针扎成这样,你哪能受得住哟!"大娘用大针一边挑着圪针,一边心疼得直流泪。不一会儿,大娘就挑了一大把圪针,那叫一个心疼呀!

别说身上扎满了圪针,就是严寒酷暑,刮风下

---

[1] 圪针:方言,指某些植物梗上的刺。

雨都挡不住为了修渠把性命都豁出去的任羊成。到了冬天，寒冷的天气给红旗渠工地带来了一系列困难，考验着人们的意志和决心。

除险队员们战斗在悬崖绝壁上，有时被大绳勒得浑身筋骨麻木，站都站不住；有时被荆棘划破衣服，扎破皮肉；有时甚至会被险石打伤。然而，除险队员们却毫无畏惧，他们心里似乎装着一个永不流逝的灿烂春天。

大雪纷飞，已经停工两天了，雪完全没有变小的意思，这让任羊成坐立不安。这一处工地地险石多，工期又急，这样下去得耽误多少工夫？不能耽误事啊！任羊成腰系大绳，就下了山崖，从早晨五点不停歇地干到下午三点，饭都没吃。天这么冷，雪花落在任羊成的身上，被体温一化又立刻冻成了冰。由于在山崖上吊的时间太长，等大家把任羊成拉上来，他简直冻成了"冰人"，全身僵硬，连手指都不会动了。大家赶紧把他搬到一个山洞，生起一堆篝火，他才慢慢缓过来。

为了修渠，任羊成长年累月地飞荡在山崖之间，腰部被绳子勒出一道道血痕，常常血肉模糊地粘在衣服上。有时他连衣服都脱不下来，每一次穿脱衣服都忍受着撕心裂肺的疼痛。新华社原社长穆青采访过任羊成，曾这样写道："他脱下上衣，果然露出了一圈厚厚的老茧，像一条赤褐色的带子缠在腰际。我用手轻轻地抚摸着那条伤痕，实在抑制不住自己的感情，眼里早已充满了泪水。我紧紧握住他的手，半晌说不出一句话来。还用说什么呢？那一圈老茧，已经说明，为了红旗渠，他忍受了多大的痛苦，做出了多大的贡献。"

平凡的魔法——自力更生

修建红旗渠不仅工程量巨大,还要在太行山的悬崖峭壁上施工,除了先进的设备,还要投入巨大的财力。但是,一九六〇年的林县要钱没钱,要设备没设备,有的只是人,还有那种愚公移山的精神。

红旗渠开始修建时,正逢三年困难时期,别说财政上的支持,修渠的民工吃都吃不饱。

林县的领导说:"修渠的困难太多了,最基本的办法是自力更生。"

在林县发布修渠动员令的前一天,林县的领导李运保步行几十公里的山路到达渠首所在的山西平顺县时,已经是凌晨三点多了,平顺县的领导李林早就等在那里。听说工程要上十万人,他大吃一惊,说:"伙计呀,你疯了呀!我们平顺县一共才十七万人哪!就是把民房都腾出来,也不够哇!""知道,知道。"李运保赶忙说,"能腾几间算几间吧,其余的人住草庵、席棚、崖洞。"李林倒吸了一口气,说:"真的不要命了!"

开工后,林县的民工们纷纷带上自己的锤、铁锹、藤筐……浩浩荡荡地向山西平顺县出发。

"晚上咱们住哪儿啊?"有人问。

"清凉宫。"领队的人说。

"哟,还不错,名字挺好听。"

"是个庙或者宫殿吧?"

大家一直走到天黑透了,终于到了一处山崖。领队的人说:"到了。"

"到了?"

"哪儿有庙?"

"哪儿有宫殿呢?"

"往下看,山崖下到处都是石板,这些平平的石板是不是能睡觉?这就是清凉宫了,今晚我们就睡这儿。"领队的人乐观地说。

"'清凉'倒是够'清凉'的,可是这儿没有'宫'啊。"有人打趣地说。

"嘿,这你就不懂了。"领队的人说,"你们往左看,这太行山正为咱站岗哩;你们往右看,漳河水正为咱弹小曲儿哩;你们往天上看,这月亮特别明,特别亮,月光又特别白;还有这风轻轻地吹着……你们说,这地方是不是清凉宫?嘿嘿嘿……"明明条件很艰苦,但经过这一番诗情画意的描述,真有了点清凉宫的意味,大家都乐了。就在山崖下这片平坦的石板上,大家纷纷解开行李,男女分开,一字排开铺好被褥。民工们在清凉宫安营扎寨了。

后来,就有了这么一首诗:"蓝天白云作棉被,大地荒草当绒毡。高山为我站岗哨,漳河流水催我眠。"

这里还有一处有名的民工住地叫林红庄,林红庄不是个村,也不是个庄。它在鸲鹆崖附近的土坡上,是民工们用镐头挖的一个个仅能容身的小洞,看起来像个神秘的原始部落。

这个小洞有多小?人要弓着腰钻进去,进去就得躺下，不能站，也不能翻身太猛，一起身就会碰脑袋，根本无法起到保暖作用。这就是悬崖上修渠人临时的"家"，这个家阴冷潮湿，环境恶劣。

修渠的人们就是这样自觉地解决住宿难题的，不论是领导还是民工，没有房屋就就地取材，垒石庵、挖洞、睡崖下……甚至，露天打地铺。十万人上太行，每一寸能住人的地方都是金贵的。

之后修渠的岁月，林县县委领导杨贵、李贵、马有金……带领着十万修渠民工，每天翻山越岭，住草棚、崖洞，吃不饱肚子的情况也时时发生。

在红旗渠工地上，几块布篷撑起来，就是指挥千军万马的指挥部；三块石头支起一口大锅，就是烧火做饭的大伙房；搬几块石头一支，就是办公写字的桌案……

一个小小的林县，没得到外界多少援助，但劈山引水这场硬仗，林县县委和百姓一致同意要打，因为他们有着同样强烈的意愿——彻底改变林县缺水落后的状况。他们当时的信念，就是那一把劈山的"神斧"。

很久很久以前，太行山鲁班壑有这么一个传

说：有一天，鲁班爷一手掂斧、一手握钢鞭在太行山上走。走着走着，前面一座大山挡住了去路，这下鲁班爷生气了，他怒气冲冲地说："太行山神太目中无人了，连我都不让过去，何况庶民百姓？"于是，他双手挥斧，把太行山劈了个大豁子，形成了今天的鲁班壑。鲁班爷怕太行山神报复百姓，就把劈山斧和赶山鞭插在太行山顶，以保佑后人。

传说毕竟只是传说，林县人没有劈山斧，也没有赶山鞭，那劈山引水靠什么呢？在生活最困难的时候，林县人提出了这样的口号："修自己的渠，流自己的汗，不能靠天靠神仙，渡过困难就是胜利。"肉体凡胎的林县人没有神力，但是他们拥有一种平凡的魔法——自力更生。有了这个魔法，能变"无"为"有"，在一次次不可逾越的困难面前，"生"出办法来。

有一次修渡槽，"土专家"路银算来算去，最少需要三百五十根木料，可是指挥部困难，只批给了二百根木料，多的再也没有了。

有的人生气地说："光叫咱修渡槽，连根木料都不给，能用人顶着修？！"

路银说:"跟谁赌气哩?渡槽是给咱修的,有困难咱不想办法,叫谁想办法?"于是他开动脑筋,生生想出了节省木料的办法,克服了困难。

修渠没有钢筋水泥,也没钱去买。

"没钱买,咱就不用那些东西修嘛。"林县的老石匠们说,"咱林县有的是石头,再加上石灰,有了这两样东西,就能修成。摆弄石头,是咱太行山人的拿手戏,又省,又快,又结实。"林县人素有"流血不流泪,逃荒不要饭"的传统,除了山里人的硬气,靠的就是"一把瓦刀两只手"的手艺。

可是,石灰也买不起啊,聪明的林县人在实践中自己研究出了烧石灰的办法,叫"明窑堆石烧灰法"。既然有的是石头,那就就地取材,随用随烧,每次可以烧几百吨甚至上千吨,满足了红旗渠施工的需要,多么了不起!

没有大型设备,怎么往上百米高的悬崖上运送修渠的各种物料?技术员和老木匠一起发明了"空运线"。

在山崖上立起几根木桩,固定一个转盘,转盘上端缠绕着铁索绳,转盘下方安装一根粗木杆,由四个人推着木杆转动，铁索绳就会动起来。这根铁索绳从河滩的料场一直延伸到山崖，往上运行时装满了物料，往下运行时是空载，上下不停地循环着，物料就可以源源不断地运上修渠工地。"当——当——"下面的钟响了，意思是：下边的物料挂好了，可以转动木杆往上运了。"喂——喂——"上面的人喊起来，意思是：物料都已经卸下来了，现在要下来空绳了。条条"空运线"穿梭在工地上，林县人的聪明才智令人叹服。

通水了,终于通水了

一九六五年四月五日,又是一个载入史册的日子。叮叮当当的锤声在大山里已经响了五年,人们冒着生命危险炸开山梁的轰隆隆的炮声平息下来。一条漂亮的水带在太行山的崇山峻岭之间时隐时现,闪耀着宝石般耀眼的绿色。它沿着重峦叠嶂、沟壑纵横的山,流啊流啊,转过几个大弯,蜿蜒前进,终于流到了分水岭——红旗渠总干渠通水了,哗哗的水声圆了林县人期盼了千年的梦。

天还没亮,一股股人流就从四面八方拥向坟头岭。男的、女的、老的、少的,人们穿上最好的衣裳,早上五点就起床,从林县各处的一个个村庄赶来了。在这支长长的、喜悦的队伍中,时不时能见到祖孙三代，儿子推车，车上坐着老奶奶，老奶奶怀里抱着小孙子，大家都一起赶去看这人间奇迹。哪怕是盲人，也要人带路赶到红旗渠，去听一听水声，摸一摸水流。一时间，上万人到达红旗渠总干渠的通水现场，红旗渠分水闸两边的山坡上，人山人海，彩旗飘舞。

随着一声"开闸放水——"，漳河水穿过分水闸，白花花的浪花咆哮而出，流进红旗渠一干渠。整齐的渠道里先是泛起一层层波澜，后来水越来越多，越涨越高。人群欢呼起来，震耳欲聋。近处的人在渠边一饱眼福，远处的人跑上山头，爬到树上，向渠水张望。人们兴高采烈，手舞足蹈。水来了，水来了，盼了千年的水来了！锣鼓齐鸣，鞭炮齐响，欢笑声、赞美声、掌声，像滚滚春雷震撼着大地。

县委书记杨贵的声音，伴随着哗啦啦的渠水声，流向人们的心田："漳河水是来之不易的。当你用红旗渠水浇地的时候，当你用红旗渠水做饭的时候，当你用红旗渠水发电的时候，当你用红旗渠水加工的时候，当你用红旗渠水洗衣服的时候，

通水了，终于通水了

千万不要忘记中国共产党的领导,千万不要忘记国家的支援,千万不要忘记兄弟县和兄弟单位的帮助,千万不要忘记红旗渠的每一滴水都是干部和民工们用血汗换来的。"

总干渠的通水大大振奋了林县人民的精神,他们亲眼看见漳河水从红旗渠一干渠流了过来。

在分水岭,林县县委召开了"庆祝红旗渠总干渠通水典礼大会",也是在这次大会上,为修渠做出巨大贡献的建设者们获得了相应的表彰。劳动模范们披红挂花,在群众的前排就座。对林县的老百姓来说,总干渠通水是了不起的盛事。一个劳动模范出门时,家人给他拿出了一双新鞋子,让他穿上新鞋去领奖:"要获得表彰了,得穿得光鲜一点儿,置办不起新衣服,换一双新纳的鞋子吧!"出了门,这位劳动模范看了一眼门前坑坑洼洼的土路,就把鞋子脱掉了,小心翼翼地揣进了怀里,赤着脚走了好几公里的山路才到了大会现场。等到快要给自己颁奖时,他才又小心翼翼地拿出新鞋,穿在脚上,满脸喜悦地上台领奖。那奖励是什么呢?在当时,没有金钱物质的奖励,有的只是一张写着他们名字的奖状。但也就是这张薄薄的奖状，成了他们一生为之自豪的荣誉。

总干渠通水典礼刚刚结束，鞭炮声和欢呼声似乎还未远去，大旱又一次降临林县。老天爷只在七月份滴了几滴雨，大半年的时间林县都处在干旱无雨中。在旱情面前，红旗渠带来了生机。总干渠通水的地方和未通水的地方出现了天壤之别的情形：用上了红旗渠水的地方，田地得到渠水的灌溉，禾苗碧绿，丰收在望；还没用上红旗渠水的地方，土地干涸，庄稼都耷拉着脑袋，眼看就要绝收。

在事实面前，所有人都明白了红旗渠给林县带来的变化，这也极大鼓舞了林县人民修渠的热情。总干渠通水后，三条干渠也全面开工，还有各种支渠、毛渠，使水网遍布林县。从一九六〇年二月红旗渠总干渠动工，到一九六九年七月支渠配套工程全面完成，十万民工，修了将近十年时间。

红旗渠工程量实在是太大了：渠道总长一千五百二十五点六公里，修建过程中，削平山头一千二百五十座，架设一百五十二座渡槽，凿通二百一十一个隧洞，修建各种建筑物一万两千四百零八座，共挖砌土石达一千五百一十五点八二万立方米，如果把这些土石筑成一条高两米、宽三米的"长城"，可以纵贯中国南北，把相距三千多公里的广州与哈尔滨连接起来。

数十万林县人民，就是凭着对水的执念，在异常艰苦卓绝的恶劣条件下，坚持奋战在太行山的悬崖峭壁、险滩峡谷之中。他们时时刻刻铭记着"牺牲自己、造福后人"的箴言，用奉献精神和乐观精神，逢山凿洞，遇沟架桥，历经十年艰辛，终于在地球上增添了一条绿色的飘带，中国古老的太行山上诞生了一条"水长城"。

十大工程背后的艰苦创业

红旗渠在建设中完成了渠首拦河坝、青年洞、空心坝、桃园渡槽等十大工程,如今这些工程中有不少已经成为著名的景点,引得国内外无数游客前往观赏。其实,这十大工程也是林县人咬着牙、流着血、饿着肚子,啃下来一块块"硬骨头",在人间大地上留下的壮美工程。

从石子山到鸻鹉崖,再到青年洞……哪一次不是凶险万分?哪一次不是困难重重?但是林县人民没有退缩。

虽然都是在太行山上修渠,但是每到一处,山体的石质却可能大有不同。

都说太行山的石头坚硬无比,可偏偏有这么一座石子山，其下部是二三十米的红色石底，上部是上百米的高峰，全是清一色的鹅卵石堆积层，石缝间都是细沙，山上寸草不生，整座山看起来孤独又阴森。别处只是刮刮微风，树叶抖几下，到了这里，就是狂风大作，山附近腾起茫茫大雾，风卷沙土唰唰作响，山坡上鸡蛋大的石头就像冰雹一样乒乒乓乓落下来，就连漳河水也常被落石砸出阵阵水花。

民谣说："石子山，鬼门关，腰系白云峰触天。大风呼呼绕山转，飞沙走石往下翻。猴子不敢上，禽鸟也难站。风沙弥漫漳河岸，尘烟滚滚把路拦。吼声震得山谷响，登山好比上天难。"这就是石子山形象的写照。

石子山山势陡，石质又松，脚踩上去，石头就哗啦啦地往下掉，好像山坡都要像流沙那样倒塌下来一样。红旗渠要从这里修过，就要面对这样的危险。开山的炮一响，哗啦哗啦，沙子石头像洪水一样往下流，一直流了三天三夜还不停息。

人们在陡坡挖了一道道深沟来挡石子，哗啦啦，石子一会儿就把沟都填满了。人们又急忙割荆条，编成一道道篱笆挡石子。就这样，人们马不停蹄地割荆条、编篱笆、砍树枝、编围墙、挖土壕、掘深沟，想尽办法克服了流石的危险和困难。

克服了一重困难，另一重困难又在前面等着，到了青年洞，情况又不同了。

青年洞是红旗渠的咽喉工程，也是总干渠上最长的引水隧洞，隧洞要从小鬼脸山峰中穿过，一边是万丈深渊，一边是悬崖峭壁。小鬼脸和石子山的石质完全不同，这里是坚硬的石英岩。石英岩坚硬如钢，锤子打上去，当的一声震得人虎口发麻，但是石头上只留下一个白点。大家借来工地上唯一的一部风钻机，钻进了三十厘米，却坏掉了四十多个钻头。

小鬼脸是座陡峭的山峰，悬崖有的地方笔直耸立，有的地方倾斜欲倒，由于这些崖石青一块、白一块、紫一块，构成一副丑怪险恶的样子，所以才叫"小鬼脸"。三百多名青年组成的突击队，干脆住在这山峰上，日也打，夜也打，站着打，跪着打，靠着人力一锤一钎苦苦地凿。即使这样，每天也只能艰难地挺进零点几米，可是整个隧洞全长六百一十六米，这样算下来，凿穿青年洞就要花上六年时间。

这样的困难没有吓倒青年们，他们把一句句豪言壮语写在崖壁上来激励自己："撼山易，撼修渠民工斗志难！""红军不怕远征难，我们修渠意志坚！""苦不苦，想想长征两万五；累不累，想想革命老前辈。"在坚硬的石质面前，他们豪迈地提出："石头硬没有我们的决心硬，就是铁山也要挖个窟窿！"怀着这样的信念，他们想出一个个办法。他们打出五个旁洞，把整个青年洞分成六段，这样每段就可以双向施工，大大加快了施工进程，又发明了新的爆破技术，终于克服重重困难，把进度从每天零点几米，提高到了每天二点八米。

年轻的郭福贵带着两个更年轻的炮手，腰系绳索，在悬崖半空中抡锤、打钎、放炮。下面是几百米深的崖底，往上是巨石压顶。在呼啸的山风中，干这样的活儿风险极大，只要稍有不慎，就会掉入万丈悬崖。如果倒霉，被飞石砸中要害，也会当即毙命。郭福贵知道，谁在这样的地方施工都难免害怕，他对跟他一起下去的两个年轻炮手喊道："咱仨人在这地方干活儿，就是把命交给这山了！它说叫咱活，那是恩赐。它说叫咱死，也在情理之中。要是真死在这地方，也值！这种死法叫牺牲，为修渠而死，比泰山还重！等到红旗渠修成了，在这地方立个碑，要是咱死了，就刻上烈士纪念碑；要是咱还活着，这碑就让后人知道，前辈是怎么把这渠修成的！"这喊声激励着同伴，也激励着郭福贵自己。

这群青年，就是这样排除万难修渠的。他们头顶着石头，脚踩着石头，在石头山里钻石头洞，同石头战斗了五百多个日夜，终于打通了六百一十六米长的隧道。

开凿青年洞时，正逢三年困难时期。没有吃的，大家就去水里捞水草，去山上找能吃的野菜、青草。偶尔能吃上一顿白面做的食物，都算是"山珍海味"。

有一次听说中午要吃白面卷子，大家上午都拼命干，中午一路紧着脚步，欢天喜地到了食堂。炊事员正要揭笼，忽然从外面跑来两个干部，他们二话不说，一边用手捂住蒸笼的盖子，一边喊着：

"不能吃，不能吃，白面卷子里包的野菜有毒。"

饥肠辘辘的民工们眼看热气腾腾的白面卷子吃不上，也都急了眼，他们纷纷喊道："我们吃点野菜填饱肚子，怎么不行？"

"没毒，没毒，毒死了不让你们负责！"

"开笼，开笼！"

两个干部急得直冒汗："不是不让你们吃，野菜有毒，人命关天！"

这时候，站出来一个年轻的民工，一把抓过一个白面卷子，几口吃下了肚。

"我当面吃给你们看，没毒。"

"你……你……你这是对生命不负责任，赶紧叫医生。"

医生气喘吁吁地跑来，对白面卷子进行了检测。幸好，白面卷子里的野菜没有毒，这场风波这才平息下来。

这个冲动的青年对两个干部说："你们是为民工好，可我也不是对生命不负责任。"

原来，这位青年是队长，他知道每天仅有的一点儿粮食能做出什么样的饭。早饭，是能照映出人脸的稀饭；午饭稍微好一点儿，也不过是把红薯片、玉米和糠碾碎后，加上水，和在一起，蒸成糠团；晚饭呢，大多是稀汤里煮几片菜叶。人们常常捞水草，挖野菜，充当粮食。容易下咽的东西找完了，再没有吃的，人们就随便爬到哪棵树上，一撸一麻袋树叶，扛到伙房用开水把叶子上的苦味焯掉，然后再搅拌到玉米面里吃。

能吃上一顿白面饭，太难得了。

"我是急了点，但我不是不负责任。"这位青年队长说，"每天采回来的野菜，我总叫炊事员先煮熟一点儿叫我尝尝，没毒再让民工吃。我深深知道艰苦创业难，我就是舍出生死来创业的。"

第六十二碗面

舍出生死来创业的不仅是工地上抡锤打钎的民工,在上太行山的队伍中,有背着急救箱的医生、抬着缝纫机的妇女、背着锅碗瓢盆的炊事员、拿着喇叭的宣传队员、打铁的铁匠……每个人,都把自己该做的那一份工作做到极致,舍生忘死。

几万人的施工队伍,在几十公里长的渠线上施工,光是粮食、蔬菜、烧的煤每天就需要十五万公斤。这些都需要人来送。

五月的一天,有个民工推小车回家取菜,第二天就要返回工地。工地距他家有几十公里,路上要蹚过好几条河流。

为了尽快赶路,第二天一大早他就推了满满一车菜出发了。一开始，道路平坦好走，走着走着，遇到上坡路，就累得两条腿像灌满了铅。烈日之下，他只觉得头昏脑涨，口干舌燥。好不容易中午赶到一个镇子，他在一户农民家喝了两碗凉水，躺在地上正要休息片刻，只觉得霎时天昏地暗，往西一望，只看见乌云滚滚，怕是要下雨了。这时，他一骨碌爬起来，心里急得不知如何是好：走还是不走？走？大雨下来，河水上涨，别说这一车菜要被冲走，就连自己的性命也难保。不走？民工食堂没菜吃，大家饿着肚子怎么修渠？最后他决定冒着风险往渠上走。

为赶在下大雨之前过河，他不知哪儿来的力气，推起菜车就跑了起来。他拼命把车推到河中央时，听见轰隆一声雷响，紧接着狂风大作，大雨滂沱，河水暴涨。他急得心都快要跳出来了！万一被河水冲走，真是死无葬身之地！反正进也险，退也险！要从死里夺条生路。于是，他心一横，拼命继续往前推车。急流冲得人和车摇摆不定，水底的石头又湿又滑，他一连滑倒好几次，又趔趄着站起来。突然，一阵急流把菜车从他手上夺走了，他什么也顾不得了,扑着大浪去前边抢车。把车抢到手后,他拼命握紧车把,就算再被大水冲倒,他也绝不松手,绝不丢车!在这样生死存亡的关头,他与大水搏斗了一个多小时,终于雨过天晴。当他坐在河岸上喘气时,他看着汹涌的河水,自言自语:"真是不该死,捡了一条命!"他爬起来,推着菜车继续走。

天黑了,他把车推到了民工食堂。炊事员看到他,吃惊地说:"你不要命了?雨下这么大,河水涨了这么多,你是怎么回来的?"他长叹一口气说:"我是死里逃生,怎么也得把这车菜推回来啊!"

还有一次,一个胸前挂满了勋章的老人去县委要求见领导。不知道老人家遇到了什么困难,大家不敢怠慢,赶紧找来领导。领导来了,赶忙问什么事。老人家气呼呼地说:"俺想去修红旗渠,村里不同意,肯定是嫌俺年纪大。"

领导好言相劝:"年纪大是事实,修渠这种体力活儿,还是让年轻人去吧。"

老人拍着胸脯说:"看看俺的勋章,俺从部队回来很多年了，眼下咱县修红旗渠，俺觉得这同当年打仗一样，也是一场大战役，趁俺手脚还利索，俺想再挂上一块家乡修渠的勋章。俺从来没找领导要求过什么，这回为了修渠，俺就一个要求，让俺去红旗渠工地。"

大家看着老人家胸前闪闪发光的勋章，有解放战争的，有抗美援朝的，都被感动了。

老人以前在部队做过炊事员，于是领导就安排老人在红旗渠工地做炊事员，并叮嘱大家，一定要注意老人的安全。这位老英雄炊事员就这样欢天喜地上了红旗渠工地。

俗话说"大旱三年饿不死厨子"，在那个粮食短缺的饥饿年代，守着锅台的人多吃一点儿、多占一点儿谁能看得住？可是，老英雄炊事员从没这么想过。他心里想的都是民工，修渠是出大气力的活儿，粮食再少，也不能让民工肚子受委屈，得想方设法让他们吃饱一点儿。

于是，他总是天不亮就起床，上山挖野菜。到了中午，无论天气多热，吃完午饭，碗筷一放，他就又上山挖野菜去了。要是白天挖的野菜少了，夜里他还会提着马灯上山,再挖一些野菜。他把弄来的野菜想方设法精细加工,做成可口的菜肴。他想:既然在工地上当炊事员,那就要把炊事员这份差事做好。

一时间,老英雄炊事员的厨艺在红旗渠出了名。

中秋节的前一天,村干部来工地慰问民工,带来一小袋面粉。这袋面粉可是全村人从牙缝里节省下来的,太金贵了!老英雄炊事员想,中秋节一定想法子让大家改善改善,吃顿香喷喷的过节饭。可是一小袋面粉不够六十多个人吃啊,怎么办呢?老英雄炊事员有了主意,他把平常不舍得吃的一点儿白面拿出来,抖抖面袋子,跟这一小袋面粉混在了一起。

一连几天,老英雄炊事员比以往更勤快地去找野菜。中秋节一大早,老英雄炊事员就跟大伙儿说,中午一人一碗面条,菜卤敞开吃,不限量。他这几天把灰灰菜、猪耳草、山韭菜、山蒜……这几种口感好的野菜都准备得足足的。

民工们个把月都见不到白面,一日三餐以粗糠稀汤充饥，听说中午有面条吃，口水都快要流下来了，心里美滋滋的，干劲儿更足了。

一个小伙儿打着快板儿来加油："大家伙加油干，中午一人一碗面。野菜卤，百草味，不加调料味也鲜。大海碗，牙捣蒜，哧溜一声肚里咽，哎哟哟，香得嘴里冒出汗。"

中午收工回来，锅灶旁的大石板上已经摆好了几十个大海碗。老英雄炊事员把热气腾腾的白面条捞进一个个碗里，大声吆喝道："快端面，一人一大碗，卤菜自己盛，尽管吃。"人们激动地端走各自的面碗。

突然有个小伙儿说："等一下，等一下，大家数一数，一共有几碗面？"

有人说："不用数，咱们一共六十二个人，六十二碗面呀！"

小伙儿说："还是认真数一数吧。"

大家不明就里，认真地数起来，之后纷纷说："怎么只有六十一碗？"

"咋少一碗，分明六十二个人呀……"

"叔咋这么粗心，唉！"

小伙儿说:"大家错了,叔一点儿也不粗心,反而很用心。恐怕大家还不知道,端午节时,咱一人一个白馒头,只有叔背着大家吃野菜团子。当时,我发现了,叔还不让我说。这一次,叔又这样,他压根儿就没为自己留一碗面条……"

大家纷纷把目光看向老英雄炊事员,老英雄的脸都红了。

队长端起自己那碗面,捧到老英雄炊事员面前:"叔,今天您可一定要吃下这碗面,要不然,大家都不吃了。"

"对,我们都不吃了。"

"吃我的,吃我的。"大家都把面端过来。

老英雄炊事员不假思索地说:"不中,不中,你们在工地出力大,我这活儿轻松,我不饿。"

"您这活儿不轻松啊,您天天挖空心思给我们找吃的。我是队长,今天您吃这碗面,我吃野菜团子。"

"吃我的,我才二十,吃啥都消化,我吃野菜团子。"

"你还小,你靠边,我身强力壮,叔吃我的面,我吃野菜团子。"

六十一个人几乎都端起了碗,都要让出自己的一碗面。

看着大家捧着碗,真心实意地要自己吃面,战场上流血不流泪的老英雄炊事员流泪了,他用颤抖的声音真诚地劝大家:"面凉了,你们趁热吃吧,一会儿面条要坨起来哩。"可是没有人听。

突然有个机灵的小伙儿说:"都别再推让了,这样叔是不会吃的,大家每人从自己碗里夹出一根面条,匀到叔的碗里,这不就解决问题了!"

他的话得到大家一致认同,很快,满满当当的第六十二碗面端到了老英雄炊事员面前。

在红旗渠上,这样的故事还有很多很多。红旗渠不是一个人、几位英雄就能成就的,忙碌的医生、尽职的铁匠、细致的缝纫工……都是修渠工地上不可或缺的人。在红旗渠修建最火热的时候,就连孩子们上学放学,都要往工地带一块石头,中学生带一块大石头,小学生年纪小、力气小,就带一块小石头。他们做的事就像这片土地上曾经发生过的"精卫填海"的故事一样,累积一次次微小的力量，做出惊天动地的大事。

为了修渠，每个人都在自己的岗位上拼命做好自己的事，才创造出红旗渠这样的人间奇迹。这就是为什么在二〇一九年"最美奋斗者"表彰大会上，河南林州市红旗渠建设者（集体）能被授予"最美奋斗者"称号。

渠水长长流，精神永流传

林县果真像当年的动员令里说的那样，把红旗渠建成了。有了水，林县第一次有了林场，有了鱼塘，有了果园和棉花田。林县发生了翻天覆地的变化，家家有了水，通了电，人们的幸福生活开始了。林县人在太行山坚硬的山腰上加了一条柔美的绿飘带，绿色的渠水绕着太行山流动，把这一方山水滋养得更加富饶、美丽。一九九四年，林县改为林州市。那个旱灾跋扈的林县不见了，一个绿树成荫、楼房整齐、马路宽阔的林州市出现了。

多少年过去了，红旗渠一直盘绕着太行山缓缓流向林州。因为它那平凡又伟大的建设者们，静静的水流下面似乎还积蓄着一股巨大的力量，这种力量就是红旗渠精神——自力更生、艰苦创业、团结协作、无私奉献。

有这么一份一九六六年的统计数据,上面写着:通过修建红旗渠,培养了很多技术人才。计有:培养工程师二十七名、技术员五百六十名、石匠三万三千名、铁匠一百一十名、木匠二百名,学会烧石灰的七百名,学会造炸药的三百二十名,学会造水泥的一百一十名,炮手八百一十名,能够领导施工的一千六百一十名。修红旗渠的十年,师傅带着徒弟,父亲带着儿女,成千上万林县人不再只是深山里的农民,他们在脚手架上、石灰窑边、铁匠炉旁练就了一身的本领,已然成了建筑能手。

从"十万大军战太行"到"十万大军出太行",二十世纪八十年代,林县人凭着在红旗渠工地练就的本事,背起行囊,拿起瓦刀,到祖国各地,加入改革开放祖国建设的大潮中去。林县人带着红旗渠赋予他们的坚韧不拔的精神,迈开还沾着泥土的双腿开始走南闯北。到现在,他们的足迹遍布北京、上海、广州、天津,甚至也门、科威特、卡塔尔、俄罗斯、美国……一座座高楼拔地而起,一条条高速公路四通八达。

红旗渠修完了，但就像那长流的渠水一样，红旗渠精神影响下的故事还在继续着。

林县成立了不少建筑公司。一九八四年三月，有个建筑公司在太原市接了一个活儿：工期二十天，在太原市某大街下铺设一条一千四百米长的地下电缆。为了不影响城市的日常生活，对方提出一个苛刻的要求：白天要保持路面整洁，保证地面交通畅通，施工只能在夜晚进行。这样的要求，如果是别的建筑队，大概要抱怨夜间施工的难度和辛苦。可是这家建筑公司二话不说，就把工程应了下来。最后，三百名建筑工人白天休息、做准备，晚上夜战，只用了十二天就按要求把电缆铺好了，丝毫没有影响到城市生活。

还有一个故事：一九八三年，林县一个建筑队在一座海拔四千八百米的山上施工。那里空气稀薄，风沙漫天，天气寒冷。土冻得像石头一样硬，人们拿铁镐砸在土上，一砸一个白点。施工队伍借鉴当年修红旗渠的经验，调来风钻机，又在工地上打眼放炮。后来，他们发现当地牛羊多，牛粪也多，为了省钱，施工队员们发明了一个新办法：烧牛粪烘烤冻土层，把冻土解冻。在寒冷的高原，施工队员每天清晨背着麻袋到处捡牛粪，晚上回来，把牛粪堆在一起，烧牛粪烘烤地基。等到第二天，地面解冻了，他们再把土里的石头清理出来。就这样一连干了四十天，光牛粪就捡了一万七千多公斤。当地人竖起大拇指："不愧是红旗渠故乡过来的施工队，技术真过硬！"红旗渠成了林县名列第一的名片。

沿着人们用双手一锤一锤凿出来、砌起来的整齐渠岸走着，不管是鸻鹉崖上、青年洞旁，还是村边的普通渠道，时不时会发现一个镶嵌在渠岸上的小石碑，上面的文字依稀可辨：某某公社某某大队承建。这是红旗渠特有的"责任碑"，上面刻有建设者的名字。它既是功绩之碑，也是责任之碑，如果三十年内某段渠道出了问题，当初是谁修建的，谁就得负责重修。六十年已过，红旗渠这条石头渠依然坚固，少有渗漏，林县人的"工匠精神"可见一斑。红旗渠的修建，也让如今的林州成为全国著名的工匠之乡。

有一次，美国科罗拉多大峡谷公路招标，各国强手各显神通，唯有一处悬崖绝壁因施工环境险恶，无人问津。"我们来！"这时，走出一支中国建筑队，开始了这段艰难的工程。许多外国的建筑行家都忍不住跑来看他们是怎么修这段悬崖上的道路的，只见中国施工队员腰缠速降绳，宛如神兵天降，在悬崖上飞荡自如，这正是当年修红旗渠时传承下来的技艺，只是工具更加先进了。外国人看得眼花缭乱，钦佩无比，有人忍不住问："你们是从哪里来的？"

"中国林州。"施工队响当当地回答，他们来自红旗渠的故乡，红旗渠精神更加彰显了他们不屈不挠的民族底气。

二〇二三年，林州一般公共预算收入突破五十亿元，先后荣获全国文明城市、国家卫生城市、全域旅游示范市、"绿水青山就是金山银山"实践创新基地、自然资源节约集约示范县（市）等国家级荣誉。

半个多世纪以来，林州人民在红旗渠精神的激励下，出太行、富太行、美太行，用勤劳的双手把自己的家乡越建越美。林长高速、晋豫鲁铁路穿越太行千古屏障，与鹤辉高速、正在加速推进的沿太行高速形成多重交会，曾经崎岖难行的太行山路变成一条条穿越太行美景的公路。曾经贫穷落后的林县，变成经济快速发展的林州：装备制造、精品钢深加工和电子新材料、绿色储能"两主一新一未来"产业筑牢了工业经济基本盘，建筑业"总部经济"持续巩固壮大。利用太行山优美的自然环境，"研学、写生、民宿"等文旅融合新气象也蓬勃发展起来。那个时常因干旱让人不得不背井离乡去逃难的小县城，如今正在变成一座"居者自豪、来者依恋、闻者向往"的现代化中等城市！

所以说，红旗渠仅仅是一条渠吗？

习近平总书记二〇二二年十月二十八日在红旗渠考察时的那段讲话也许是最好的总结：

红旗渠就是纪念碑，记载了林县人不认命、不服输、敢于战天斗地的英雄气概。要用红旗渠精神教育人民特别是广大青少年，社会主义是拼出来、干出来、拿命换来的，不仅过去如此，新时代也是如此。没有老一辈人拼命地干,没有他们付出的鲜血乃至生命,就没有今天的幸福生活,我们要永远铭记他们。